時代背景から読み解く
西洋教育思想

藤井千春
［編著］

WESTERN EDUCATIONAL THOUGHTS

ミネルヴァ書房

はじめに

　教育思想は，その時代の政治的・経済的・文化的な状況との関わりの中で生まれました。教育思想を理解するためには，まず，その時代の人々がどのような社会を生き，どのように社会の在り方について考え，その社会を担う主体としてどのような人間像を描いたのかを明確にしなければなりません。つまり，第一に，その時代の人々は，どのような問題意識に基づいて，どのような社会の実現を目指したのか，第二に，その目指すべき社会を担う主体としてどのような人間像を描き出したのか，第三に，そのような人間を育成するためにどのような成長の筋道を構想したのか，という三つの層を整合させることが必要です。それによってその時代の教育思想を立体的に理解することができます。

　この点で本書の第一の特色は，教育思想をその時代の政治的・経済的・文化的な状況との関わりの中で，社会思想の一側面として論じている点にあります。従来の西洋教育思想に関する著書にはあまりみられなかったスタンスです。それぞれの教育思想に関して，なぜそのような特質を有する思想が提唱されたのかについて，当時の政治的・経済的・文化的な状況との関連を明確にして論じました。みなさんは西洋史のさまざまな出来事や事件と関連づけて，それぞれの教育思想について，その時代的背景を伴って理解を深めることができます。

　教育を論じた思想家たちは，それぞれの時代の中で，自己の具体的・個性的な人生を生きた人間です。本書では，それぞれの思想家がその時代の社会でどのように行動し，社会の在り方についてどのような理想を掲げ，どのような挫折に悩み，どのような希望をもって闘争したのかを観点として，その教育思想について論じました。そのため，みなさんには，きっとそれぞれの思想家の生を感じ取り，肉声を聞き，その熱い感情までも伝わってくることでしょう。

　みなさんには，それぞれの教育思想の学説的な特色や価値を学ぶだけではなく，それぞれの思想家が生きた時代の中でのその思想家の不屈の闘いについても目を向け，そこから社会と人間の理想を目指して闘う生き方についても学ん

でほしいのです。私たちは，思想家の思想内容だけではなく，その思想家の闘う生き方からも多くを学ばなければなりません。それにより，今を生きる私たち自身が，自らの時代において社会と人間の理想を目指して闘う勇気を得ることができます。たとえその思想家の思想そのものが旧いものになったとしても，その思想家の闘う生き方は，時代を超えて多くの人々を励まします。私たちはその生き方をリレーしなければなりません。

　本書の第二の特色は，「近代西洋」の展開を一つのストーリーとして論じている点にあります。「近代西洋」とは何か，その源流はどこにあるのか，古代・中世の伝統をどのように継承しているのか，そして，何を目指し，どのような出来事を契機として，どのような闘いを通じて成立し，発展してきたのか，さらに現代ではどのような課題を抱え，どのようにその克服が試みられているのか，という問いを基底として論じました。

　現代の日本の政治・経済・文化は，大きくいえば，「近代西洋」の枠組みに基づいて成立しています。議会制民主主義，基本的人権，自由主義経済，自然科学など，「近代西洋」を発展させてきた国々と共有しています。私たちはこれらの制度や価値について当然なものと，また普遍的なものと感じています。

　しかし，「近代西洋」が何に対する，どのような闘いを通じて成立・発展したのかを理解すること，ある意味でいえば，「近代西洋」を歴史的に相対化して理解することは，みなさんが学問を通じて広い視野をもつうえで不可欠な視点です。私たちが「近代西洋」から受け継いで尊重し続けるべきこと，また逆に，時代の変化に対応して改革すべきことがみえてきます。教育に関しても同様です。「近代西洋」を相対化して捉えることにより，教育をめぐる現在の考え方や在り方について，今後，何を受け継いで尊重し続けていくべきか，また逆に，何を改革しなければならないのかがみえてきます。

　本書が，教育について考えるうえで，みなさんに歴史的な視野と展望を与え，また，教育に関して行動するうえで，みなさんと先人とをつなぎ，先人の知恵と勇気をリレーするバトンになることを願っています。

　　2016年8月

編著者　藤井千春

時代背景から読み解く
西洋教育思想

目　次

はじめに

第1章　古代・中世の教育論
西洋の教育的理想の源流

1　古代ギリシア——ポリスの市民教育 …………………… 4
　（1）スパルタとアテナイ　4
　　■全体主義・軍国主義国家の教育　4　　■民主主義・商業主義国家の教育　5
　　■両国からの歴史的教訓　6
　（2）ソクラテス　7
　　■ソクラテスの生きた時代と活動　7　　■ソクラテスの教育方法　8
　　■ソクラテス裁判　9
　（3）プラトン　9
　　■理想国家の構想　9　　■理想国家は全体主義国家　10

　Column 1　ソフィスト——古代ギリシアの社会科学者たち　12
　Column 2　アリストテレス——ポリスの中での人間形成　13

2　古代ローマ——地中海帝国における弁論家教育 …………………… 14
　（1）キケロ　14
　　■政治家としてのキケロ　14　　■キケロの弁論家教育　15　　■これまでの弁論家教育への反論　16
　（2）クインティリアヌス　17
　　■キケロの継承　17　　■クインティリアヌスの弁論家教育　18

3　中世ヨーロッパ——キリスト教社会と教育 …………………… 20
　（1）アウグスティヌス　20
　　■ローマ帝国におけるキリスト教の広まり　20　　■アウグスティヌスの回心　20　　■「内なる教師」としてのイエス・キリスト　22　　■「神の似姿」である人間　23
　（2）トマス・アクィナス　24
　　■中世ヨーロッパ世界と学問の発展　24　　■アリストテレスの哲学との出合い　25　　■「トマス的総合」　26

第2章　ルネサンス・宗教改革期の教育論　29
「近代西洋」の人間観の発生

1　ルネサンスと新しい人間観——人文主義の思想家たちの人間観… 32
　（1）エラスムス 32
　　■人間を作る理性 32　　■キリスト教的人文主義 33　　■人間の主体性の主張と新しい教育論 33
　（2）ラブレー 34
　　■民衆文学による権力批判 34　　■中世的権威からの解放 35
　（3）コレット 36
　　■学識と信仰の結びつき 36　　■聖パウロ学校の設立とそこでの教育 36

2　宗教改革と新しい信仰——ルター……………………………… 39
　（1）宗教改革の背景 39
　　■カトリック教会への異議申し立て 39　　■信仰によってのみ 41
　（2）宗教改革は教育改革でもある 41
　　■聖書を読むこと 41　　■すべての子どもたちを学校へ 42
　Column 3　メランヒトン——ドイツの教師 44

3　汎知教育による平和への願い——コメニウス……………… 46
　（1）平和への願い 46
　　■宗教改革に続く混乱 46　　■教育による社会変革 47
　（2）汎知教育 47
　　■種子の理論と方法への着目 47　　■事物と言葉を結ぶ教科書『世界図絵』 49

第3章　啓蒙主義と教育論　51
近代的個人の教育可能性

1　知性あり，有徳でタフな実務的人間の形成——ロック……… 54
　（1）新興ジェントリー層の代弁者 54

　　　　■革命の混乱から国家的発展へ　54　　　■名誉革命の正当化　55
　（2）社会・人間に関する近代的原理の提案　56
　　　　■自然権思想　56　　■社会契約論　56　　■人間精神白紙説　56
　（3）知性あり，有徳でタフな人間を育てるための習慣形成　57
　　　　■白紙あるいは蜜蠟としての子ども　57　　■質実剛健　57　　■父親の教育権と家庭教育の重視　58
　（4）労働学校案　59
　　　　■ロックの教育論の二重構造　59
　（5）評　価　59
　　　　■ジェントルマンの形成　59

2　素朴な友愛に溢れた自然人の生成──ルソー……………………… 61
　（1）上昇志向の涯てに　61
　　　　■寂しく悲惨な子ども時代　61　　■思想家としてのデビュー　62　　■孤独な魂の放浪　63
　（2）逆説の啓蒙思想　64
　　　　■18世紀フランスにおける啓蒙主義思想　64　　■自然に帰れ！　64
　　　　■理想としての自然　65
　（3）自然の法則に従っての教育　66
　　　　■自然の意味　66　　■発達・開化の過程とそれへの対応　67　　■消極教育　68
　（4）評　価　69
　　　　■子どもの発見者　69　　■矛盾の人　69　　■憧憬としての自然　70

3　自律的意志の主体の陶冶──カント……………………………… 71
　（1）几帳面で真摯な生活　71
　　　　■敬虔主義者としての生き方と哲学　71
　（2）啓蒙主義に徹した思想　72
　　　　■哲学におけるコペルニクス的転回　72　　■自律的人格としての倫理性　73
　　　　■人間による人間の教育　74
　（3）評　価　75
　　　　■人間中心の認識と道徳の確立　75　　■政治権力に対する沈黙　75

目 次

第4章　近代教育学の成立とその論理　77
すべての子どもに対する教育方法

1　八転び七起きの苦闘の生涯——ペスタロッチ ………………… 80
  （1）八転び七起きの人生　80
    ■墓　碑　80　　■母と祖父からの影響　80　　■社会改革運動への没入　82　　■農場経営の失敗と教育実践　82　　■転機の到来　83
  （2）すべての子どもの教育可能性　84
    ■教育実践者としてのペスタロッチ　84　　■悲惨な境遇にある子どもたちへのまなざし　85　　■学校における授業法の開発　85　　■メトーデ　86
  （3）貧困の根本的な解決の追求　87
    ■貧困の世代間連鎖を断ち切る　87　　■高質の福祉としての教育　87　　■家庭教育の重要性　88
  （4）評　価　89
    ■教育学的評価　89　　■人生を支えたもの　90

2　幼稚園の創設者——フレーベル ……………………………… 92
  （1）自分の活動の舞台を発見した生涯　92
    ■孤独な子ども時代　92　　■教育者になる　93　　■教育的家族としての学校　94　　■世界初の幼稚園の開設　94
  （2）ドイツロマン主義の教育論　94
    ■ドイツロマン主義　94　　■「恩物」と遊戯　96　　■児童神性論　96
  （3）家庭から社会へ　97
    ■人間関係を通じての教育　97　　■家庭と学校への橋渡しとしての幼稚園　98
  （4）評　価　99
    ■ルソーとペスタロッチからの発展的継承　99　　■ドイツの国家統一運動との関係　99　　■「私たちの子どもに生きよう」（墓碑）　99

  Column 4　モンテッソーリ——幼児への知的環境の提供　101

3　科学としての教育学の確立——ヘルバルト ………………… 102
  （1）早熟の天才　102

■母親による教育 102　　■ギムナジウム時代から示された哲学的才能 103
■スイスでの家庭教師経験 103　　■大学教員として 103

（2）科学としての教育学の確立 104
■科学としての教育学 104　　■目的を倫理学に 105　　■方法を心理学に 105　　■教授法の論理 106

（3）評　価 106
■ヘルバルト主義 106　　■影の薄いヘルバルト 107

第5章　近代公教育制度と教育論 109
学校教育の制度化

1　フランス——革命の理念に基づく共和国国民の創出 …………… 112

（1）歴史的背景 112

（2）フランス革命期 113
■旧制度下での教育 113　　■憲法による平等・無償の共通教育の保障 113
■革命政府の教育構想 114

（3）近代的教育制度についての原理の提案 115
■コンドルセの公教育の構想 115　　■「学ぶ自由」「教える自由」 115
■「公権力の義務」としての教育 116　　■教育の機会均等 116　　■「教育の独立」 116

（4）政体の振り子期 117
■ナポレオンの統領政府から帝政へ 117　　■王政復古から七月王政へ 117　　■第二共和政から第二帝政へ 118

（5）公教育制度の成立へ 119
■第三共和政の成立と公教育制度の確立 119

Column 5　デュルケーム——有機的連帯によるアノミーの克服 121

2　イギリス——工場労働からの児童の保護 …………………… 122

（1）歴史的背景 122

（2）工場法制定による児童保護 123
■児童労働 123　　■世界初の工場法の制定 123　　■工場法の改正 124

（3）教育を通じての社会問題発生の予防　*124*
　　　　■紡績工場での福利厚生への取り組み　*124*　　■環境万能性格形成論と国民教育制度樹立論　*125*
　　（4）ボランタリズムによる民衆教育　*126*
　　　　■助教制学校と日曜学校　*126*　　■ベル-ランカスター方式（助教方式）　*127*
　　（5）公教育制度の成立へ　*128*
　　　　■公教育制度の構想　*128*　　■金も出すが口も出す　*129*　　■1870年初等公教育法の成立　*130*　　■制度的完成　*131*

　　Column 6　ジェームズ・ミル——不幸を救済することに対する政府の責任　*132*

3　ドイツ——国家統一への願いと「上からの」近代化……………*133*
　　（1）歴史的背景　*133*
　　（2）啓蒙専制君主による臣民教育　*134*
　　　　■世界最初の国家による民衆学校　*134*　　■フリードリヒ大王の近代化政策と教育　*134*
　　（3）プロイセン改革期の国民教育構想　*134*
　　　　■シュタインとハルデンベルクによる改革　*134*　　■ドイツの国家統一運動の発生　*135*　　■フンボルトとジュフェルンによる国民教育構想　*136*
　　（4）ドイツの国家統一と公教育制度の成立　*137*
　　　　■ウィーン会議後の反動期から三月革命へ　*137*　　■ドイツの国家統一とビスマルクの教育政策　*137*

　　Column 7　バセドウ——汎愛派の教育思想と運動　*139*
　　Column 8　ケルシェンシュタイナー——公立学校での教育改革の展開　*140*

4　アメリカ——実務的人間および民主主義の人民の育成…………*141*
　　（1）歴史的背景　*141*
　　（2）植民地期の教育　*142*
　　　　■ピューリタン共和国の理想　*142*　　■入植地における教育　*143*　　■ピューリタニズムとその教育　*143*
　　（3）独立期における新たな教育の必要　*144*
　　　　■実務家養成の必要性　*144*　　■民主主義を支える人民の育成　*145*
　　（4）公教育制度の整備とアメリカ社会の発展　*147*

■コモン・スクールの設立 *147*　　■「数の圧力」への対応と公教育の「量的整備」 *148*　　■工場のような学校 *149*

Column 9　エマソン――アメリカの知的独立宣言 *150*

Column 10　オルコット――子どもの感情，思考，表現の尊重 *151*

Column 11　パーカー――公教育の内容の「質的改善」 *152*

第6章　新教育運動と教育論 *153*
近代学校教育の修正要求

1　ヨーロッパにおける新教育運動の発生と展開 …………… *156*
――近代的な全人教育の学舎

（1）ヨーロッパにおける新教育運動の発生の背景 *156*

（2）イギリスおよびフランスにおける新教育運動の発生 *156*

■アボッツホルムの学校 *156*　　■ロッシュの学校 *157*

（3）ドイツにおける田園教育舎運動 *158*

■田園教育舎の設置と広がり *158*　　■田園教育舎の教育目標 *158*
■田園教育舎の教育活動 *159*

（4）オットーによる教授の改革 *159*

■家庭教師学校の設立 *159*　　■有機体的な成長観 *160*　　■子どもの「問う」権利の絶対的な尊重 *160*　　■子どもの認識の未分化 *161*
■「子どもから」 *161*　　■話し合い活動の採用 *161*　　■合科教授の採用 *162*

Column 12　ケイ――働く女性の母性保護の要求 *163*

2　アメリカにおける新教育運動の発展――デューイ ………… *164*

（1）デューイの生きた時代 *164*

■社会生活の変化と対立の複雑化・深刻化 *164*　　■「革新主義」から大恐慌・ニューディールへ *165*　　■アメリカにおける新教育運動の開始 *166*

（2）近代的原理に代わる新たな社会原理の提案 *166*

■自然権の限界 *166*　　■「公共的」な帰結による判定原理の提案 *167*
■社会における関係性の優先 *167*

（3）人間の知性に対する信頼 *168*
■問題解決のための思考方法の追究 *168*　■道具としての知識 *169*
■コミュニケーションによる協同の必要性 *170*　■不確実性を引き受けて進むこと *170*

（4）生き方としての民主主義 *171*
■公衆としての参加能力 *171*　■コミュニティの回復の必要性 *171*

（5）経験主義の学習指導原理 *172*
■学校における「重力の中心移動」 *172*　■「行うことによって学ぶ」 *173*
■「子どもの興味・関心の尊重」の必要性 *173*　■典型的なオキュペーション *174*　■子どもの活動性の指導 *175*

（6）教育を通じての社会改良 *175*
■協同的探究の経験 *175*　■小型のコミュニティ，胎芽的な社会 *176*
■学校教育を通じての民主的コミュニティの実現 *176*　■個性の尊重と民主主義社会 *177*

（7）教師の専門性 *178*
■探究的・実験的な学習指導 *178*

（8）評　価 *178*
■「21世紀型能力」における学力観 *178*

Column 13　キルパトリック *180*
　　　　　　──プロジェクト・メソッドと「生きるに価値ある生活」

Column 14　パーカースト──ドルトン・プランと「恐れるものなき人間」 *181*

3　現代に続く新教育運動の学校──「自由」を生きる人間の教育… *182*

（1）20世紀初頭の西洋の時代状況 *182*

（2）シュタイナー *183*
■人智学運動 *183*　■人々の分裂や対立に対する批判 *184*　■自由な生き方 *184*　■「自由学校」での教育 *185*

（3）フレネ *186*
■呼吸器官の損傷 *186*　■自由作文 *187*　■公立学校での一教員としての闘い *188*

（4）ニール *188*
■宗教的な権威や抑圧からの自由を求めて *188*　■サマーヒル学園の教

育 *190*　■「問題の子ども」の背景 *191*　■自由に対する責任 *191*
■自由の主体として生きること *192*

第7章　現代の教育思想の潮流 　　　　　　　　　　　　　*195*
　　　　　　　　　　　「近代西洋」の教育論の超克の試み

1　『教育の過程』から『教育という文化』へ——ブルーナー…… *198*
　（1）社会的・政治的な関心をもった心理学者　*198*
　（2）『教育の過程』——「構造」と「発見学習」　*199*
　（3）教育と文化——個人の可能性と社会的公正　*200*

2　規律・訓練装置としての学校——フーコー……………… *202*
　（1）権力と知　*202*
　（2）学校規律　*203*
　（3）自由の実践　*205*

3　「学校化」された社会に対する疑問——イリイチ……… *206*
　（1）批判すべき「学校化」の意味　*206*
　（2）「脱学校化」への試み　*208*
　（3）「コンヴィヴィアリティ」という生き方　*209*

4　教育を支える人間学的考察——ボルノー……………… *210*
　（1）言語における人間の自己生成　*210*
　（2）教育における非連続的形式の可能性　*212*
　（3）教育的概念としての覚醒　*212*

5　公共性を支えるもの——アレント……………………… *214*
　（1）全体主義のあとで　*214*
　（2）「公共的」（public）であるとはどのようなことか　*215*
　　　——「活動」（action）としての政治
　（3）何が公共性を支えるのか——「思考」（thinking）の孤独がもつ意義　*216*

人名索引　*219*

事項索引　　*221*

[第1章]

古代・中世の教育論
―― 西洋の教育的理想の源流 ――

Introduction

① 古代ギリシア,古代ローマ,中世ヨーロッパでは,人々はどのような社会生活のもとで,どのような世界観・人間観を抱き,教育についてどのように考えていたのか。
② 古典古代(古代ギリシア・ローマ)の文化とキリスト教の教えは,「近代西洋」の教育思想にどのような影響を与えているか。

* * *

「近代西洋」の文化は,ヨーロッパ世界における二つの遺産を受け継いでいるといわれています。

一つは,古典古代と呼ばれるギリシア・ローマ時代の文化的伝統です。特に古代ギリシアの哲学・文学・芸術,さらにはアテナイにおける民主主義と市民生活は,ヨーロッパの人々にとって,自分たちの文化的・制度的な源流として,精神的なアイデンティティの中心柱の一つとなってきました。

もう一つは,キリスト教です。古代ローマ時代の後半からヨーロッパに広まったキリスト教は,中世ヨーロッパにおいて,精神的・文化的・制度的に大きな支配力をもってきました。キリスト教は,ヨーロッパ人の世界観・人間観に大きな影響を与えてきました。近代社会の展開も,キリスト教との関連抜きに考えることはできません。

本章では,古代ギリシア,古代ローマ,中世ヨーロッパと三つの時代に分けて,それぞれの時代において人々の社会生活がどのように展開され,その中で人々がどのように生き,また,教育についてどのように考えたのかについて論じます。

古代ギリシアは,ポリス(都市国家)の時代でした。人々は自らが市民であるポリスから離れて自由人として生きることはできませんでした。人々はポリスという共同体と,いわば一体の運命のもとに生きていました。そのような社会生活の中で生きることが問われていたのです。また,そこにおける文芸には,キリスト教以前の時代における世界観・人間観が描か

れています。

　古代ローマは，地中海をめぐってヨーロッパから北アフリカまで，一つの大きな帝国が形成された時代です。いわば古代におけるグローバル化が達成された社会です。征服した広大な多文化・多民族の住む地域を，一つの普遍的な世界として安定的に統治していくことが政治的課題となりました。そのようなグローバル化した世界において，有能な市民としての生き方が問われました。

　しかし，ローマ時代については，一般的に，その後半期，退廃した生活がイメージされがちです。また，そこにキリスト教が，禁教されたにもかかわらず，しだいに支持者を増やして公認されるに至る理由が指摘されています。広大な帝国として版図を広げ，物質的な繁栄を誇った古代ローマにおいて，神のもとでの平等と信仰による来世での救済を唱えたキリスト教は，多くの人々の心をひきつけたのです。

　中世は，キリスト教が，ヨーロッパ全土にわたって精神的・文化的・制度的に支配する時代となりました。また，この時代にキリスト教の教えが学問体系としてまとめられ，キリスト教に基づく世界観・人間観が確立されました。古代ギリシア時代とはどのような点で異なった世界観・人間観のもとで人々は生活していたのでしょうか。また，それはどのように「近代西洋」の人々の世界観・人間観に影響を与え，また受け継がれているのでしょうか。

　古典古代とキリスト教についての理解なしにヨーロッパの文化を理解することはできないといわれています。教育思想についても同様です。本章では，「近代西洋」の教育思想を学ぶにあたって，まずはその源流についての理解の形成を目指しましょう。

1 古代ギリシア
――ポリスの市民教育――

> ― *Question* ―
> ①スパルタとアテナイで行われていた教育は、どのような点で対照的だったのだろうか。また、それは、どのような社会事情に基づくものだったのだろうか。
> ②ソクラテスは青年たちにどのような生き方を求めたのだろうか。
> ③プラトンはなぜ『国家』で論じられているような教育制度を構想したのだろうか。

（1）スパルタとアテナイ

スパルタとアテナイは古代ギリシアにおける代表的な二大ポリス（都市国家）です。スパルタは全体主義・軍国主義国家として、アテナイは民主主義・商業国家として、現代に至るまで対比的に伝えられています。

■全体主義・軍国主義国家の教育

スパルタは前1000年頃、ドーリア人がペロポネソス半島を南下して先住民を征服して建国したと伝えられています。しかし、征服民よりも被征服民の方が約10倍と圧倒的に多数であり、スパルタでは被征服民の反乱が繰り返されました。そのため、征服民である市民は全員が軍人となり、被征服民を農業奴隷として、軍事力で支配する統治体制が取られました*1。市民は常に被征服民の反乱に備えて、集団的な軍営生活を送っていました。市民には平等な土地所有が政策的に実施され、市民間に経済的な格差が発生しないように配慮がなされていました。また、市民には連帯感を維持するために共同で食事を行うことが定められており、娯楽や贅沢は禁じられていました。このように市民は愛国的な軍人として、国家全体の管理的な統制に忠実に服して生活していたのです。

スパルタでは、子どもは国家の所有物と見なされ、一種の優生政策が実施さ

---

*1　スパルタのこのような統治体制は、リュクルゴス（前8-前7世紀?）によって定められたと伝えられている。30歳以上の市民が民会を構成し、王を含む30人の長老会の指導のもと、市民は任期1年で行政を担当する役を務めた。

れていました。誕生した子どもは長老たちによる身体検査を受けなければなりません。虚弱児や障がい児は生存が許されなかったと伝えられています。

　子どもは7歳になると両親から離れて,「スパルタ教育」という言葉で伝えられているような,軍事教練を中心とする厳しい集団教育を受けました。そこでは読み書きの学習は実用程度にとどめられ,戦闘的で強壮な軍人となるための厳しい身体的な訓練が行われました。また,相手の油断を見抜いて,大胆かつ狡猾に行動する訓練も行われました。たとえば,子どもたちは自分たちの食糧を他家の野菜畑から,あるいは大人たちの会食の場から盗んで調達するということもさせられていました。もし見つかり捕えられると鞭で打たれます。このような教育は20歳まで続けられました。

　このようにスパルタでは,大多数の被征服民を支配するために,独特の全体主義・軍国主義に基づく市民生活と教育が営まれました。そしてこのような市民生活と教育によって,スパルタ人に特有の利己的,保守的,冷酷な性格が形成されたといわれています。

　■民主主義・商業主義国家の教育

　アテナイは地中海貿易による商業国家として発展し,市民による直接民主主義が行われていました。市民はくじによる抽選で評議員や行政担当者に選出されました。アテナイは,前490〜前480年頃のペルシアによるたび重なる進攻を,ポリス連合軍の中心となって撃退しました。そして,対ペルシア防衛のためのポリスの軍事同盟(デロス同盟)の盟主となり,紀元前5世紀の中盤に古代ギリシア世界の覇者として,経済的な繁栄を達成しました[*2]。

　アテナイでは,ホメロス(前8世紀?)の『イリアス』『オデュッセイア』などの英雄叙事詩[*3]が青少年の教材として重視されました。物語に登場する英雄(アガメムノン,オデュッセウス,アキレウスなど)は,知恵,武勇,雄弁,人間性

---

　*2　アテナイはペリクレス(前495?-前429)の時代に繁栄が最高潮に達した。ペリクレスは民主政を下層市民にまで拡大し民主政を徹底した。アテナイの民主主義を指導したリーダーとして歴史的に評価されている。

　*3　トロイア戦争を題材とする『イリアス』『オデュッセイア』では,英雄たちが多くの神々と密接に交流する場面が生き生きと描かれ,キリスト教以前のヨーロッパ世界における明るい人間観や現世肯定的な世界観が示されている。

に卓越しています。そのような諸能力の調和の取れた全人的な人間像が、「美にして善なる人」として、アテナイの市民たちの理想像とされました。

またスコーレ（shool の語源）と呼ばれる私塾では、体育、音楽、文法などの科目の教育が行われました。アテナイでは、ギリシア彫刻にみられるように均衡や調和のとれた像に美が見出されており、教育では一つの能力に偏ることなく、全人的で調和的な能力を発揮できる人間を育成することが目指されました。

このようにアテナイでは、直接民主主義のもと、主体的にポリスと共に生きる市民の育成が目指されました。市民としての義務と権利は、ポリスの政治や行政への参加と戦争への戦士としての従軍でした。また、このような義務と権利は、自由人としての市民の誇りでもあったのです。そのために、市民には自らの弁論術や運動能力を優れたものに高めることが必要とされたのです。

しかし、前5世紀後半から対スパルタ戦争（ペロポネソス戦争）の長期化と敗北、また政治的な混乱により衰退していきます。アテナイの経済的な繁栄は、一方で市民のあいだに新しい考え方を生み出しましたが、他方でポリス市民の紐帯を維持してきた伝統的な倫理を弱める結果にもなりました。なおスパルタもアテナイとの戦争に最終的に勝利した後、弱小国のテーバイとの戦い（前371年）での予想外の敗北後、急速に衰退しました。

■両国からの歴史的教訓

スパルタとアテナイの統治体制とそれに基づく教育は、それぞれ固有の歴史的条件に基づいて発展しました。両者は対照的ですが、いずれの場合にも当時の人間（市民）は、自分のポリスを離れて自由人として誇り高く生きることはできませんでした。古代ギリシアのポリスは、常にペルシアや他ポリスとの戦争状態に置かれていました。ポリスの敗北は自分の自由人としての生存の喪失を意味し、この点で市民はポリスと運命共同体であったのです。

両国は歴史的な教訓を残しています。スパルタは統一性のある軍事的な強国でしたが、テーバイ戦での予想外の敗北後は急速に衰退しました。他方、アテナイは政治的には内部で政争が繰り返され不安定でしたが、スパルタに対する敗北後は弱小化したものの長く存続しました。また、スパルタは文化的財産をほとんど残すことなく、その統治体制や教育についてはアテナイ側の文献に

（2）ソクラテス

■ソクラテスの生きた時代と活動

　ソクラテス（Sōkratēs；前470-前399）はアテナイの全盛期から斜陽期にかけて生きました。当時のアテナイでは経済的繁栄の一方で，ポリスの人々を結びつけてきた伝統的な価値観が揺らいでいました。ポリスの市民の中に利己主義的，金銭第一主義的な傾向が生まれていました。そのような中で，ソクラテスはポリスの市民としての正しい生き方の自覚を促す活動を行いました。

　ソクラテスがいう「正しく生きる」とは，「善く生きる」ことであり，それは自分の「魂」を優れたものにするように，常に「魂の世話」を心がけて生きることでした。ソクラテスの時代，アテナイの人々の間では，金銭，地位，名声など，自分の外面を飾り立てるものに心を砕く風潮がみられました。青年たちの多くがそのような風潮の影響を受けていました。それに対してソクラテスは，自分の内面の「魂」に目を向けることを論じたのです。そして「真の知恵」である「徳」を探求し，「徳」に従って自らの生き方を導くことの大切さを主張しました。

　もちろんソクラテスが主張した生き方とは，ポリス全体の正しい在り方を考え，市民としてそれに貢献するような日常生活における道徳でした。ソクラテスの目指したことは，アテナイの政治的混乱状況からポリスとして本来あるべき秩序や機能を回復させることだったのです。そのために市民としての正しい在り方について内省することを人々に求めたのです。

　　一番大切なことは単に生きることそのことではなくて，善く生きることである。
　　　　　　　　　　　　　　　　　　　　　　　　　　　　　　　（『クリトン』）[*4]
　　アテナイ人でありながら，最も偉大にしてかつその智慧と偉力との故にその名最も高き市の民でありながら，出来る限り多量の蓄財や，また名聞や栄誉のことのみを

＊4　プラトン，久保勉（訳）『ソクラテスの弁明・クリトン』岩波書店，2010年，86頁。

念じて，かえって，智見や真理やまた自分の霊魂を出来得るかぎり善くすることなどについては，少しも気にもかけず，心を用いもせぬことを，君は恥辱とは思わないのか。
(『ソクラテスの弁明』[*5])

徳が富から生ずるのではなくて，むしろ富および人間にとっての他の一切の善きものは，私的生活においても公的生活においても，徳から生ずる。
(『ソクラテスの弁明』[*6])

■ソクラテスの教育方法

ソクラテスは,「真の知恵」に関して自分自身が無知であることを自覚していました。ソクラテスにとって,「真の知恵」の探求の第一歩は,自分自身の無知を自覚すること（「無知の知」）でした[*7]。また，ソクラテスは,「真の知恵」は，教師から生徒に直接的に教えることはできないと考えました。

そのためソクラテスは，第一段階として，相手との問答によって，相手に自分が無知であることに気づかせます。そのうえで，第二段階として，さらに問答を積み重ねて，相手が自分自身で「真の知恵」を発見する手助けをします。そのような方法で，青少年たちに対する教育活動を行いました。この点で，ソクラテスの教育方法は「問答法」，あるいは相手に自分で真理を生み出させるための「産婆術」と呼ばれています。

このようなソクラテスの教育方法は，当時，アテナイで自らを「知恵ある者」（ソフィスト）と称して，市民に弁論術などの技術を，あたかも商品を卸売りするかのように教えていた職業教師たちの教育方法と対比されています。ソクラテスの方法は開発主義，ソフィストの方法は注入主義というように分類さ

[*5] 前掲『ソクラテスの弁明・クリトン』，43-44頁。
[*6] 同書，44-45頁。
[*7] ソクラテスはある日，友人から「ソクラテスほど知恵のある者はいない」という神託（デルフォイの神託）があったという知らせを受けた。しかし，自分の無知を自覚していたソクラテスは，その神託を疑った。そして，ポリスで知者として有名な人たちを訪ねて議論した。だが，ソクラテスが気づいたことは，それらの人々は，本当は何も知らないのに知っているつもりでいるだけだということだった。そこでソクラテスは，神託について,「私は，知らないことは知らないと思う，ただそれだけのことで，優っているらしいのです」(『ソクラテスの弁明』)と，他の人々が自分の無知を知らない中で，自分が無知であると知っているという一点で，自分は他の人々よりも知恵があるという意味だと解釈した。

第1章 古代・中世の教育論

■ソクラテス裁判

ソクラテスは自らについて,「アテナイという名馬にまとわりつく虻」であったと述べています。金銭,地位,名誉などに傾きがちな風潮の中で,人々にポリスの市民としての正しい生き方をうるさく覚醒する役割を果たしていました。しかし,ソクラテスの活動は一部の人々の誤解と反発を招き,邪神を信仰して青少年たちを悪導したとして裁判にかけられてしまいました。

裁判そのものは,ソクラテスにも十分な弁明の機会が与えられ,手続き的には正当に行われました。しかし,ソクラテスはわずかの差で有罪とされ,最終的に死刑の判決が下されてしまいました。

ソクラテスの友人たちは金銭を支払って他国に亡命することを勧めました。しかし,ソクラテスは脱獄することを拒みました。ソクラテスは,市民としてポリスの法を尊重することを青年たちに論じてきました。そして,自分が主張してきたとおりに,アテナイの市民としてアテナイの裁判の判決に従うことを選択し,毒杯を仰ぐことを甘受しました。[*8]

(3) プラトン

■理想国家の構想

ソクラテス裁判では,正しい手続きに従って誤った判決が出されました。民主主義には,手続きは正しくても誤った決定がなされるという危険性があるのです。ソクラテスの弟子のプラトン(Platōn;前427-前347)は,ここに民主主義の制度に不可避に伴う問題点を見つけ出しました。[*9]

そこで,プラトンは,『国家』の中で,誤った判断が生じることのない国家

---

*8 「悪法といえども法である」という言葉は,絶対的な意味で理解してはいけない。ソクラテスは,脱獄した場合には自分の生涯で主張したことに反すると考えた。ソクラテスが判決を甘受したのは,高齢で余生は短いこと,自分の主張を無にしたくないなど熟慮したうえでの決断だった。

*9 ソクラテスの思想は,プラトンの著作によって伝えられている。『ソクラテスの弁明』など前期作品では,ソクラテスの思想が忠実に論述されているのに対して,『国家』など後期作品ではプラトン独自の思想をソクラテスに語らせているといわれている。

制度を構想しました。プラトンによれば，真に魂の優れた哲学者が支配者となるならば，常に真理（イデア）に従った国家の統治が実現できるのです。[*10]

　そのためにプラトンは特別の教育制度を計画しました。プラトンは，それぞれの子どもの生まれもった資質を見定め，それに基づいて子どもたちを庶民，戦士，支配者へと選別していくべきだと考えました。そして，そのための教育システムを提案しました。そこでは，欲望の資質のある子どもは庶民に，気力の資質のある子どもは戦士に，知性の資質のある子どもは支配者になるように選別されます。そして，欲望には節制，気力には勇気，知性には知恵というように，それぞれの魂の働きをそれに対応する徳によって統御できるように教育します。特に支配者となる人々に対しては，厳しい訓練と選別が実施されます。そのようにして真理を認識できる知性とそれに従う知恵を求めました。

　プラトンは，各階級の人々の魂の働きがそれぞれの徳によって正しく統御された調和のうえに，国家全体としての正義の徳が実現されると考えました。このようにすれば国家に真理に基づいた決定が常に担保されると考えたのです。

　■理想国家は全体主義国家

　しかし，プラトンの構想したこのような国家は，一種の全体主義国家です。理想的な制度を設計してそこに現実の社会を固定しようとする試みです。プラトンはスパルタをモデルとしてこのような国家制度を構想したともいわれています。

　プラトンがこのような理想国家を構想した背景には，プロパガンダによる煽動，目先の利害への固執，感情に基づく無思慮な判断，公務への無責任など民主政治の混乱がありました。

　しかし，どのような国家制度であっても，誤った決定を犯す可能性から逃れることはできません。そのような中で，民主主義はたとえ誤った決定がなされ

[*10] プラトンの哲学は「イデア」を中心に論じられている。プラトンは，現実世界に存在している「美しい花」「美しい景色」「美しい彫刻」などには，「美しさそのもの」（美のイデア）が反映されていると考えた。そしてわれわれは「イデア」を知っていれば，現実世界の個々の事物が，たとえ本当に「美しい」ものであるか正しく判断できると論じた。だから国家の支配者が，「正義」のイデアを知っており，それに基づいて判断すれば国家に「正義」が実現されると考えた。

ても，それを最も混乱の少ない方法で訂正できる手続きを有している制度です。また，民主主義は，社会状況が変化したときに，柔軟に対応することが可能な制度です。国家の制度が固定的であるほど，社会状況の変化に対応しにくくなります。真理や理想に基づく政治制度が，政治的な対立者の粛清や人権の抑圧，言論の自由の弾圧など，多くの悲劇と害悪をもたらしてきたことは，歴史の中から多く例証することができます。

　民主主義を正しく機能させるためには，教育を通じて民主主義を支える責任ある主権者を育てる以外に方法はないのです。

✤ 読書案内

プラトンの著作は，『ソクラテスの弁明・クリトン』『ゴルギアス』『饗宴』『国家（上・下）』『パイドン』などが岩波文庫より刊行されている。
太田秀通『スパルタとアテネ――古典古代のポリス社会』岩波書店，1970年
廣川洋一『ギリシア人の教育――教養とはなにか』岩波書店，1990年
村井実『ソクラテスの教育思想』玉川大学出版部，1972年

●*Column 1* ソフィスト――古代ギリシアの社会科学者たち●

　ソフィストには，ソクラテスとの関係で敵役というイメージがあります。弁論術は当時のポリスの市民に，市民としての公共的活動に参加するうえで必要とされた技術でした。そのためソフィストは弁論術を，公共的な討論の場面で，自分に有利なように聴衆を説得するための技術として教え，しかも，金銭の授受のもと，教師から生徒へと卸売り的に伝授したといわれています。

　古代ギリシアにおける哲学は，植民地のイオニアで，まず自然哲学として発生しました。自然世界の成り立ちについて神話的説明から脱して，人間自身の理性によって「万物の根源」を説明しようとする運動です。タレスは「水」だと，ピュタゴラスは「数」だといいました。

　そのような思潮が本国に入ると，人間の理性によって説明を試みる対象が，自然から社会・道徳へと移りました。社会の在り方や道徳について，それまでの神話的世界観に基づく説明や慣習から脱して，人間自身によって合理的に考えようとする運動です。このような運動の担い手たちがソフィストと呼ばれた人々だったのです。彼らの一部が職業教師として弁論術を教えていたのです。

　代表的なソフィストのプロタゴラス（Protagoras；前485？－前415？）は「人間は万物の尺度である」と述べました。この言葉は，人間が万能であることの主張だと誤解されています。しかし，むしろ各人が自分の考え方を絶対化してはいけないことや，強者の主張を無批判に受け入れてはいけないことを述べたものです。この点で，伝統的な価値観や慣習的な道徳に縛られることなく，現実に即して人間自身で社会の在り方や道徳について，現実的・実証的に考えることを主張するものでした。つまり，新しい社会状況に対応していくために必要な新しい知的態度を提唱するものでした。

　しかし，一方において，ソフィストは，ポリスの伝統的な価値観の破壊者として保守的な市民からは警戒されました。ソクラテスは，金銭主義や利己主義の風潮が生じたアテナイ社会の転換期に，ポリスの共同体の市民としての自覚を人々に促し，実利的な知識を重視するソフィストに対しては批判的な態度を示しました。しかし，皮肉にも青年たちに問答を通じて薫陶を与えていたソクラテスも，このようなソフィストの一人と見なされていました。

● **Column 2**　アリストテレス——ポリスの中での人間形成 ●

　アリストテレス（Aristoteles；前384-前322）はプラトンの学園アカデメイアで学び，その後，マケドニアで王子アレクサンドロス（後の大王）の家庭教師をしました。前335年には，アテナイのリュケイオンに学校を開きました。アリストテレスの哲学は人文・社会・自然の多方面に及び，プラトンとともに西洋の哲学の発展に大きな影響を与えました。

　プラトンは教育に関して，現実世界や自分を超越した真理（イデア）を知り，それに近づこうとする自己努力（エロス）を重視しました。つまり，真理は現実を超越した世界にあると考え，エロスによってその世界の認識に至ることを重視しました。

　それに対してアリストテレスは，真理は現実の事物の中に存在しており，そのものをそのように存在させている本質だと考えました。

　したがって，アリストテレスは，「徳」についても，現実世界の具体的な人間の中に存在していると考えました。そして現実世界の中で身につけることができると論じました。そのような観点から，教育に関しては，年少者が「徳」を身につけている年長者との日常的な交流を通じて，「徳」に従った生き方を自らの習慣として形成することを重視しました。

　このようにアリストテレスは，知恵，賢慮，勇気，節制，中庸，機知などの「徳」を身につけて，生活において発揮できるようにすることを主張しました。これらの「徳」は，ポリスの生活において人々が幸福に生活するために求められる能力や態度です。ポリスの市民として共通に必要とされる資質といえます。

　アリストテレスは，そのような能力や態度が，ポリスの生活において市民によって最高度に実践されていることによって，それぞれの人々の幸福が実現されると考えました。いうまでもなく市民がこのような「徳」を実践することにより，ポリス全体の幸福も実現されます。

　したがって，アリストテレスにとって，このような「徳」を身につけて生活できる人間を育成することが，ポリスの全体の幸福を実現することなのです。また，政治とは，市民による「徳」の実践というポリスの状態の実現を目的とします。この点で，「徳」を身につけた市民を，「徳」を身につけた市民との交流を通じて教育することは，アリストテレスの政治論では大きな課題だったのです。

2 古代ローマ
―― 地中海帝国における弁論家教育 ――

> ***Question***
> ①哲学と弁論の融合が図られたのはなぜだろうか。
> ②優れた弁論家とは,どのような資質を備えた人なのだろうか。
> ③キケロとクインティリアヌスは弁論家教育によって,それぞれ何を目指していたのだろうか。

(1) キケロ

▰政治家としてのキケロ

キケロ(Marcus Tullius Cicero;前106-前43)は共和政ローマ末期の人物です。ローマの共和政は元老院・政務官・民会によって政治体制が作られていましたが,当時のローマでは「内乱の一世紀」と呼ばれる混乱が続いていました。この混乱はカエサル(Caesar;前100-前44)の登場,そしてカエサル死後のオクタウィアヌス(Octavianus;前63-後14)による元首制(帝政)が始まる(前27年)まで続きました。

キケロは名門貴族出身ではありませんでしたが,法律家として名をあげ,混乱の続くローマにおいて政務官の各職を歴任しました。特に政務官の一つである執政官に,名門貴族以外の出身者として初めて就いた際には,「カティリナ弾劾演説」(前63年)によってローマの危機を救い,元老院から「祖国の父」の称号を受けています。しかしその後は,国外への一時的な逃亡を余儀なくされたり(前58年),また帰国後も国外へ赴任することになったり(前51～前49年)と,徐々にその求心力を失っていきます。最終的にはオクタウィアヌス・アントニウス(Antonius;前83-前30)・レピドゥス(Lepidus;前89または前88-前12)による第2回三頭政治(前43年)の成立によって完全に失脚し,逃亡先で政敵アントニウスの放った刺客により,暗殺されます。

■キケロの弁論家教育

政治家としては不遇の晩年を送ったキケロですが,思想家としての名声は現代まで続いています。当時のローマは文化面において,ギリシア文化の模倣が中心でした。このような中,キケロはギリシアの文化を強く受けながらもラテン語による散文を発展させ,ローマ独自の思想・文化を築こうとしました。その中でも特に知られているのが,『弁論家について』(前55年) に代表される弁論家教育論です。

弁論家は当時のローマにおいて,明確な職業ではありませんでしたが,民会や裁判では演説や弁護を行う人々が重宝されており,そうした人々が弁論家と呼ばれていました。キケロは『弁論家について』の中で,より良い弁論家の在り方について論じています。

キケロは弁論の目的は他者の説得であるとし,その原理について,聴衆に好意を抱かせること,教化すること,心を動かすことの三つをあげます。そして弁論家は雄弁であることが重要だと主張します。雄弁であるためには,声色や出で立ちのような生まれつきの才能が重要であるとしたうえで,弁論における単なる技術にとどまらない,人間としての優れた在り方が欠かせないというのがキケロの考えです。その在り方は「人間的教養」を備えた「学識ある弁論家」であることでした。キケロは良い言葉遣いと豊富な語彙という基礎のうえに,哲学を含む広範な知識を蓄え,良い手本となる人物を真似ることを奨励しました。そのための訓練は,書くことが良いと主張しています。また個別の例を扱う際において,それを一般的・包括的な本質に還元することも重視しています。つまりある人物のある裁判例についてのみ学ぶのではなく,その判例が示すそもそもの法解釈について,十分に理解する必要があるということです。

キケロが弁論家に求める「人間的教養」とは,ある特定の知識体系というよりは,人としての在り方を説く哲学的思想に近いものです。最高の弁論家についてもキケロは述べていますが,それ以上に,各々の個性や弁論のその時々の状況に合わせることを重視しています。

> わたしの言う弁論家は,文学の素養がなければならない。人の講話や弁論を聴いて

いなければならず，書を読んでいなければならず，いま言ったような弁論の教義も身につけていなければならないのである。(中略) 卓越した弁論家であると同時に優れた人格者でもある人は，国家全体にとってそれほど輝かしい誉れだとわたしは思うからである。

(『弁論家について』[*1])

■これまでの弁論家教育への反論

こうしたキケロの主張がなされた『弁論家について』は，クラッスス[*2]とアントニウス[*3]の談論と彼らを慕う若き弁論家たちへの教授，という形で著されています。こうした対話形式と談論の行われた舞台から，キケロがプラトンを強く意識していることがわかります。

キケロがこのような書式をとった背景には，いくつかのねらいがみて取れます。まずはソクラテスとプラトンに対する反論です。キケロは「人間的教養」という形で，総合的な人間としての成熟を理想としていました。その中で，思考のための知識と弁論のための知識は，キケロにとって本質的に一体であり，どちらも「徳」への探究に欠かせないものでした。しかしソクラテスとプラトンによって「舌と心の乖離」が始まり，さまざまな学問への細分化が始まったとキケロは主張しています。キケロはアリストテレスを引き合いに出しつつ，哲学と弁論の融合を図ろうとしていました。またこれまでの弁論家教育，特にラテン語による弁論家教育を行う人々への批判もありました。キケロはこれまでのラテン語による弁論家教育は，学問的背景がなく，恥知らずで大胆不敵な振る舞いの方法を与えているだけだと批判しています。

キケロは弁論家教育について語る中で，弁論術の5要素，すなわち「発想」「配列」「記憶」「措辞」「口演」について示しています。しかしこれらの弁論術に関する要素は，キケロが弁論家について語るうえで最も重要であったとはいえません。キケロにとって重要であったのは，これらの5要素を十分習得したうえで，さらに才能・理論・精励のすべてに優れた「人間的教養」のある弁論家を目指すことであったといえます。そして学識ある弁論家たちが，当時の

---

*1 キケロ，大西英文（訳）『弁論家について（上）』岩波書店，2005年，220頁。
*2 第1回三頭政治のクラッススとは別人である。
*3 第2回三頭政治のアントニウスの祖父である。

第1章 古代・中世の教育論

ローマの共和政を改革することを願っていました。

> すべてにまさるものを一つだけ挙げよと求められるのなら，勝利の棕櫚の栄冠は，学識ある弁論家にこそ与えられるべきだとわたしは思うのである。その同じ学識ある弁論家が哲学者でもあることを許されるなら，論争は解決されたことになる。
> （『弁論家について』[*4]）

（2）クインティリアヌス
■キケロの継承

　クインティリアヌス（Marcus Fabius Quintilianus；35頃-100頃）は現在のスペイン出身の弁論術教師で，ネロ帝（在位54～68年）の時代に弁論術の勉強のため，ローマにやってきたとされています。当時のローマはいわゆる五賢帝の登場する直前であり，パクス・ロマーナと呼ばれるローマ帝国の平和な時代の中では，比較的混乱が続いた時代でした。そのような時代の中，クインティリアヌスはその時々の権力者から評価され，ラテン語による弁論術教師として当時最も著名で成功を収めた教師でした。また法廷弁論家としても活躍し，弁論術の実践も行った人物でした。

　クインティリアヌスはキケロに最も影響を受けたことを自認しており，キケロの理念である「学識ある弁論家」の育成を，「完全なる弁論家」の育成として，思想的に受け継ぎました。そしてキケロと同様に哲学と雄弁の融合を図り，『弁論家の教育』（95年頃）を著しました。キケロが図った哲学と雄弁の融合ですが，キケロ以降それは行われず，また雄弁によって国家を救ったキケロのような弁論家も，キケロ以降のローマには現れていないとクインティリアヌスは考えていました。当時のローマにおけるラテン文学・弁論術は，セネカ（Seneca；前3または前4-後65）に代表される「白銀期」と呼ばれるもので，キケロの時代のものとは異なっていました。そのような当時好まれていた言葉遣いを，クインティリアヌスはこだわり過ぎていると考えました。そして明晰で修辞を凝らしその場に適した言葉遣い，つまりキケロの時代に用いられていた

＊4　キケロ，大西英文（訳）『弁論家について（下）』岩波書店，2005年，200頁．

言葉遣いへの回帰を目指したのです。

■クインティリアヌスの弁論家教育

キケロの弁論家教育に大きく影響を受け，当時の優れた弁論家の復権を目指したクインティリアヌスですが，その著書『弁論家の教育』は弁論術に関するその多くをキケロに依拠しつつも，キケロにのみ倣ったものではありません。ギリシアとローマの数多くの著作を検討しながら，弁論術を体系的に扱っている『弁論家の教育』は，弁論術に関する詳細な教科書であり，かつ当時の弁論術に関する集大成の著作といえるでしょう。『弁論家の教育』の中でクインティリアヌスは，キケロが弁論術の5要素としてあげた「発想」「配列」「記憶」「措辞」「口演」を継承し，それぞれについて詳しく述べています。そして弁論術を技術であるとし，それが実践に沿った技術であることが望ましいとしています。

さまざまな著作からの引用を行いながら考察している『弁論家の教育』ですが，幼少期からの教育について詳細に語っている箇所では比較的引用が少なく，クインティリアヌス自身の考えが多く書かれた箇所としてあげられます。クインティリアヌスは早期教育を主張し，特に子どもが最初に触れるものが良いものであるように主張しています。たとえば言語獲得に関しては，間違った言葉遣いを後々修正することは困難であるとし，正しく喋る乳母や教師を求めています。幼少期の記憶は大人になってからも強く残るため，幼少期の間に良いものを習得する必要があるという考えが，クインティリアヌスの早期教育推進の根拠としてあげられています。そして子どもに対し厳しく課題を課すのではなく，遊びや褒美や競争を用いながら，勉強の辛さに子どもが尻込みすることのないよう，注意を促しています。また家庭教育よりも学校教育の方が望ましいと述べ，さらに当時は珍しくない体罰に対して，強く反対しているといった特徴もみられます。

またキケロの『弁論家について』は，基礎的な教養をすでに身につけた人を前提としていたのに対し，クインティリアヌスはそれぞれの教養についても詳細に検討しています。主に「文法」について紙幅が割かれていますが，次いで「音楽」「幾何学」「体育」についても，その必要性が語られています。

第1章　古代・中世の教育論

　クインティリアヌスはキケロのいう「人間的教養」の概念を継承しています。そのため，弁論術の定義そのものの中に「徳」を含んでいます。クインティリアヌスによれば弁論術は「説得する能力」ではなく，「立派に語るための学問である」と定義するべきだとされています。哲学についても深く理解し，「徳」を備えたキケロの時代の「完全な弁論家」を復権し，政治の世界で活躍する弁論家の登場を，クインティリアヌスは願っていたのでしょう。

> 完全な弁論家とはよき人物以外ではありえません。それゆえ完全な弁論家には弁論のきわだった能力のみならず，あらゆる徳を私は要求します。　（『弁論家の教育』）[*5]
> およそ雄弁は生活のなかの活動に関わっており，人はみな，耳にすることを自分と関係づけ，精神は，自分が認識するものこそを最も容易に受け入れるのです。
> （『弁論家の教育』）[*6]

❖ **読書案内**

キケロ，大西英文（訳）『弁論家について（上・下）』岩波書店，2005年
クインティリアヌス，森谷宇一・戸高和弘・渡辺浩司・伊達立晶（訳）『弁論家の教育　1』京都大学学術出版会，2005年
高田康成『キケロ──ヨーロッパの知的伝統』岩波書店，1999年

[*5] クインティリアヌス，森谷宇一・戸高和弘・渡辺浩司・伊達立晶（訳）『弁論家の教育　1』京都大学学術出版会，2005年，8頁。
[*6] クインティリアヌス，森谷宇一・戸高和弘・渡辺浩司・伊達立晶（訳）『弁論家の教育　3』京都大学学術出版会，2013年，247頁。

3 中世ヨーロッパ
——キリスト教社会と教育——

― ***Question*** ―
①キリスト教は、西洋の教育にどのような影響を与えたのだろうか。
②アウグスティヌスやトマス・アクィナスの教師論において、教育者の果たす役割は何か。

(1) アウグスティヌス

■ローマ帝国におけるキリスト教の広まり

ヨーロッパでは、3世紀頃から7世紀頃にかけて、古代から中世に転換する移行過程を迎えます。ローマ帝国の皇帝コンスタンティヌス1世（在位306〜337年）は、宗教政策面では帝国の統一を維持するため寛容な政策を採り、313年にミラノ勅令を発し、全帝国民の信教の自由を保障しました。それまで禁止されていたキリスト教に信教の自由を与えて公認したことにより、後年キリスト教がヨーロッパ世界に浸透するきっかけとなりました。

その後、ローマ帝国の皇帝テオドシウス1世（在位379〜395年）は、古くからの神々を廃し、392年にキリスト教をローマ帝国の国教に定めました。こうして、キリスト教はローマ帝国の国家宗教となったのです。

中世の教育思想は、キリスト教の思想や神学の中で論じられています。ここでは初期の思想家としてアウグスティヌスを、次に後期の思想家としてトマス・アクィナスをみてみましょう。

■アウグスティヌスの回心

アウグスティヌス（Aurelius Augustinus；354-430）は、ローマ帝国がいよいよ衰退し、キリスト教が公認の宗教として定着しつつあった時代に生きた人です。彼は、北アフリカの町タガステに生まれました。母モニカは敬虔なキリスト教徒で、アウグスティヌスをキリスト教によって教育しようと気を配っていました。しかし、彼は母親の言葉に従わず、15歳のときには放縦な生活を始めます。

そして，370年に母親から離れカルタゴに遊学すると，情欲にひたって一人の女性と同棲するようになり，彼女との間にアデオダトゥス（神より与えられた者）という男の子をもうけました。またその頃，彼はマニ教に心惹かれるようになります。マニ教とは，ペルシアのマニ（Mani；216-277）の創始した宗教で，世界は光と闇，善と悪，精神と物質というそれぞれ二つの原理の対立に基づいているという二元論を説くものです。当時のマニ教は，新約聖書に記されているパウロの霊肉二元論を独自に解釈し，キリスト教を取り入れ，キリスト教であると自称していました。アウグスティヌスは，マニ教の信仰生活の中で悪の苦しみから救われようと努力しますが，悪の問題の解決をマニ教は与えることができないと悟り，やがてマニ教から離れていきます。

　384年，アウグスティヌスはミラノの国立学校の修辞学教授に任命され，ミラノに移りました。そこで彼は司教アンブロシウスの人格に惹きつけられ，その説教を聴き，聖書の比喩的解釈に感動するようになります。そして，洗礼志願者になろうと決心します。また，新プラトン派の書物を読み，自己の内面に目を注ぐようになります。

　アウグスティヌスの『告白』（397-400年）第8巻12章には，386年に起こった庭での回心の場面が記されています。隣の家から，繰り返し歌うような調子で「とれ，よめ。とれ，よめ」という子どもの声が聞こえてきたのです。アウグスティヌスは，これは聖書を開いて，最初に目にとまった章を読めとの神の命令に違いないと解釈したのです。そして読むと，「酒宴と酩酊，淫乱と好色，争いとねたみを捨て，主イエス・キリストを身にまといなさい。欲望を満足させようとして，肉に心を用いてはなりません」（「ローマの信徒への手紙」第13章13-14節）という言葉と出合ったのです。彼は続けて次のように書いています。「私はそれ以上読もうとは思わず，その必要もありませんでした。というのは，この節を読み終わった瞬間，いわば安心の光とでもいったものが，心の中にそそぎこまれてきて，すべての疑いの闇は消え失せてしまったからです」[*1]。アウグスティヌスは，回心の後，理性による思考の働きは，神の照明なしには真理

＊1　アウグスティヌス，山田晶（訳）『告白Ⅱ』中央公論新社，2014年，140頁。

に達することはできないと考え,「人は信じなければ,知ることはないだろう」という立場をとるようになります。[*2]

アウグスティヌスは,キリスト教の真理の探究に専心する決心をし,修辞学教授を辞任し,翌387年の復活祭には息子アデオダトゥスとともに司教アンブロシウスから洗礼を受けます。388年には故郷タガステに帰り,息子や友人たちと修道院のような宗教共同体を作り,生活を始めます。さらに391年,ヒッポ・レギウスの司祭となり,ここでも同じような共同体を作ります。そして,396年にヒッポ・レギウスの司教となり,亡くなるまでそこで神学および哲学上の著作を書いたのです。

■「内なる教師」としてのイエス・キリスト

『教師論』は,389年に故郷タガステで書き上げられました。この作品は,アウグスティヌスと息子アデオダトゥスとの対話をもとに構成されています。アデオダトゥスは翌390年に死んでおり,この作品は最愛の息子を追悼する記念の書ともなりました。この作品は,聖書の中の「あなたがたの教師はキリスト一人だけである」(「マタイによる福音書」第23章10節)という言葉から「教える」とか「学ぶ」ということについて検討したものです。アウグスティヌスは,「あなたがたは自分が神の神殿であり,神の霊が自分たちの内に住んでいることを知らないのですか」(「コリントの信徒への手紙 一」第3章15節)などの言葉を用いて,学ぶ者が「神の神殿」であり,心の内にキリストを宿す存在であることに着目し,キリストこそ教師であり,キリストが心の内面で教え給うという照明論を展開しました。アウグスティヌスにとって,感覚的経験的知識は,感覚を通して外部から得られるものでしたが,外部からの知識について正しい判断をくだす判断の基準となる原理的知識は,教えられるものではありませんでした。教師は,外部からの刺激によって生徒が本来有しているものを生徒のうちに自覚させ,整えるのがその役目でした。真実が語られているかどうかについては,それを教えるのは「内なる教師」としてのイエス・キリストだけでした。このように捉えたとき,教えるというのは,真理を語り,真理へと導く

---

*2 ハービソン,根占献一(監訳)『キリスト教的学識者――宗教改革時代を中心に』知泉書館,2015年,20〜21頁参照。

厳粛な神の業であることになります。

■「神の似姿」である人間

　アウグスティヌスの『告白』は，三つの部分から成り立っています。第一の部分は，第1巻から第9巻までの自伝部分で，そこにおいてアウグスティヌスは，みずからの罪と過ち，信仰を与えられるまでの魂の遍歴を赤裸々に告白し，神の計り難い偉大さを讃えています。これは「いまの私の罪は許されている」という安心に立脚するもので，自分を泥沼の中から救い出してくださった神の憐みと導きに対する感謝の告白，讃美の告白となっています。第二の部分は，第10巻で，現在の自己がいかなるものであるかを吟味している部分です。アウグスティヌスは，身体的感覚的能力をもってしては神は見出されないとしながらも，記憶という「広大無限な奥の院」に神のまします ことを感謝しています。第三の部分は，第11巻から第13巻までの旧約聖書「創世記」冒頭の天地創造の物語の注解で，アウグスティヌスは世界と人間の起源を問うています。特に注目されるのは，「神は御自分にかたどって人を創造された」（「創世記」第1章27節）という言葉の解釈です。人間が神を受け入れるものとして造られたという認識は，『告白』の最初の部分（第1巻第1章）につながるもので，そこにおいてアウグスティヌスは，「あなたは私たちを，ご自身にむけてお造りになりました。ですから私たちの心は，あなたのうちに憩うまで，安らぎを得ることができないのです*4」と語ります。そして人間のうちには神の似姿としての三位一体の映像があると考えたことは，後に三位一体について考察することへとつながります。

　アウグスティヌスは，キリスト教の正統的教理である「三位一体」論の形成と確立に貢献したことで知られています。彼は，『三位一体』（400-419年）という著作において，神における「父，子，聖霊」という三位一体の関係と，人間の精神における「記憶，知解，意志」という三一的構造との類似性を指摘します。そして，似姿の回復が説かれ，精神は真に神を記憶し知解し愛することにおいて三位一体の似姿であるとしたのでした。

＊3　前掲『告白Ⅱ』，247頁。
＊4　アウグスティヌス，山田晶（訳）『告白Ⅰ』中央公論新社，2014年，6頁。

（2）トマス・アクィナス

■中世ヨーロッパ世界と学問の発展

　西欧世界では，11世紀後半から13世紀前半まで「大開墾時代」ともいわれるほど開墾が促進されました。冶金術の発達により，金属製の斧や鎌が普及すると，森林や原野が開墾され，農地が拡大し，農業生産力が上がり，人口が増加しました。すると商業交易が活性化し，都市が飛躍的に発展しました。

　都市では分業が必要とされます。この時代には，教会の附属学校に属さず，自ら学生を集め，教育の対価として報酬を受け取る職業的教師が出現しました。この時代の学問の発展には目覚ましいものがあり，それが古典文化の復興を伴うものであったことから「12世紀ルネサンス」と呼ばれます。具体的には，12世紀から13世紀にかけてヨーロッパ全体でスコラ学が盛んになります。スコラ学は，キリスト教の教義を分析し，論理的に体系化することを目指しました。教義を体系化するにあたっては，ギリシア哲学から大きな影響を受けることになりました。

　折しも，1096年から1270年にかけて断続的に十字軍の遠征が行われました。この時期に西ヨーロッパの学者たちはイスラーム世界の図書館を渉猟し，アラブ人によって保存され，注釈が付けられた古代ギリシアの自然科学および哲学書などをラテン語に訳しながら旅をしました。こうしてイスラーム世界から古代ギリシア・ローマ文化やアラビア文化が流入してきました。それまで西欧世界で知られていなかった多くのギリシアの古典が，ギリシア語やアラビア語からラテン語に翻訳され，パリなどの西欧の知的な中心地に大量に流入したのです。知的興奮は広まり，パリがすぐにその中心地となりました。12世紀にパリは，中世で最初に「教師の町」と呼ばれる町となったのです。

　職業的教師や学生は，やがてウニヴェルシタス（universitas）と呼ばれる自治的な団体を形成し，12世紀後半からヨーロッパ各地に大学が誕生しました。大学は，学問の中心となります。アリストテレスの著作の大部分は，12世紀の終わりまで西方のラテン語圏では未知に等しかったのですが，13世紀の半ばにはラテン語訳が普及し，イギリス，フランス，イタリアの大学の人文学部で教えられ，新しい知的刺激をもたらすものとなっていったのです。アリストテレ

スの哲学は，その広範な学識と方法の普遍性によって，知的世界を席巻するようになっていきました。

■アリストテレスの哲学との出合い

トマス・アクィナス（Thomas Aquinas；1225頃-1274）は，モンテ・カッシーノのベネディクト会修道院に託されて初等教育を受け，長じてからはナポリ大学に付設されているベネディクト会修道院で学びました。トマスは，5年間ナポリにとどまり，そこでアリストテレスの哲学と出合いました。また，清貧の徹底と学問の追究をもとに民衆に福音を説く托鉢修道会に心惹かれるようになり，家族の反対を押し切ってドミニコ会に入り，1244年に修道士となりました。そして，パリとケルンにあるドミニコ会修道院で研究生活を送りました。

1256年，神学の学位を取得し，神学講義を行うためにパリ大学に招かれましたが，当時，ドミニコ会修道士に対する敵意が大学内にあったため，躊躇してしまいます。この敵意は，托鉢修道士たちの何人かが神学的に正統ではないことを民衆に説いていたことによるものでした。また，当時のパリ大学は，人文学部におけるアリストテレスに対する危険なまでの熱狂と，神学部におけるアリストテレスに対する偏狭なまでの侮蔑の中にありました。トマスは就任式の前，パリ大学ののっぴきならぬ状況に思いを馳せて，祭壇の前にひれ伏し，長い間祈り，嘆き，そして寝入りました。トマスは，そのとき，天の使者が目の前に現れ，「博士としての重責を負いなさい。神は，あなたと共にいる[*5]」と語るのを聞きます。このときからトマスは，神の召命としての学問に打ち込んだのです。

13世紀のキリスト教思想家が直面した中心問題は，アリストテレスに対していかなる態度を取るべきかでした。アリストテレスの哲学は，理性と合致し，経験によってうらづけられていて，真理に至る道としてのキリスト教神学の必要性は，もはやないのではないかとさえ思われていたのです。まさにキリスト教的世界観の存亡がかかっていました。

アリストテレスは，人間が現在，現実に置かれている状態を正確に記述する

＊5　前掲『キリスト教的学識者──宗教改革時代を中心に』，38頁。

ことに力を注いでいます。トマスは，人間認識の経験的側面の解明にあたってはアリストテレスの哲学を受容しました。人間理性が現実を認識する際には，感覚から出発しなければなりません。しかし，人間認識には，感覚ないし経験を超えた形而上学的側面があります。すなわち人間は，いかに「あるか」という現実認識にとどまることなく，いかに「あるべきか」という目的や目標や意義の問題に関わらざるをえない存在です。トマスは，人間の認識活動の究極的な目標や意義，およびそれを成立させる最終的な根拠などに関しては，アウグスティヌスに同調しました。人間には，人間の霊魂が真理そのものである神によって直接に照明されて見出される世界があります。しかし，このような認識は，経験を排除するものではありません。ある物事は啓示の媒介なしに，理性によってのみ知られます。しかし，神の存在などは理性と啓示の双方によって知られます。また，信仰の世界には啓示なくしては人間が近づきえない，救いのために必要な真理もあります。トマスにとって，信仰は理性と矛盾するものではなく，理性を完成するものでした。

■「トマス的総合」

主著の『神学大全』(1266-1273年)は，当時の命題集や注解書で問題となっていた事柄を有機的に分類し，体系的に整理したもので，キリスト教の信仰を組織的に分析したものとなっています。この著作は，第1部「神について」，第2部「人間について」，第3部「キリストについて」の3部構成で，全部で512の問題が扱われています。それぞれの項目は，冒頭に問題が提示され，次にその問題に対するいくつかの異論があげられ，そして異論とは反対の論である対論が提示され，最後にこれらの流れを踏まえた解答が示されるという形式をとっています。その思想の特徴は総合性にあり，アウグスティヌスに代表されるラテン教父の思想，ギリシア教父の思想，アリストテレスなど古代ギリシアの思想，キケロなど古代ローマの思想，教会法の遺産など，さまざまな先人の思想を広く継承し，これらすべてが「トマス的総合」と呼ばれる体系の中に位置づけられています。ここにおいてトマスは，アリストテレス主義をキリスト教にとっての脅威から有用な物，財産へと変換させたのです。

トマスは，『神学大全』第1部，第117問題「人間の能動的な働きに属するこ

とがらについて」の第1項で「人間は他の人間を教えることができるか」を論じています。また，それに先立ち『真理論』（1257年）という著作の第11問題で，アウグスティヌスの主題を引き継ぎ「教師論」を論じています。トマスは，アウグスティヌスが『教師論』（389年）において，ひとり神のみが内的に教えたもう方であるということを論証しているとして，そのことを基本的に認めています。しかし，アウグスティヌスは人間が外的に教えることを排除しようと意図しているのではないとして，アリストテレスの認識論の線に沿って，人間的教師の果たす役割に積極的な意味を認めています。すなわち，教授によって生徒のうちには教師のうちにあるのと似た学知が生ずるとしたのです。このように，さまざまな思想を調和のうちに統合させたところにトマスの本領があります。

　トマスは，人間的完成としての知性的徳と道徳的徳のうえに，神からの恩寵として与えられる超人間的な徳があるといいます。それは，信仰，希望，愛という三つの対神徳です。このような崇高なものについての知識がわれわれの精神を最高度に実現し，完成し，われわれに最大の喜び，至福をもたらすことを強調したのでした。

❖ 読書案内

アウグスティヌス，石井次郎・三上茂（訳）『アウグスティヌス教師論』明治図書出版，1981年

アウグスティヌス，山田晶（訳）『告白（Ⅰ・Ⅱ・Ⅲ）』中央公論新社，2014年

アクィナス，横山哲夫（訳）『神学大全』第8冊（第1部，第103〜119問題）創文社，1962年

三上茂「トマス・アクィナス『教師論』訳注」南山大学『アカデミア　人文・社会科学編』第66号，1997年，149〜212頁

[第2章]

ルネサンス・宗教改革期の教育論
―― 「近代西洋」の人間観の発生 ――

Introduction

① ルネサンスでは、人間は新たにどのように捉え直され、それに基づいてどのような教育論が展開されたか。
② 宗教改革では、信仰に関してどのようなことが主張され、またそれによって「近代西洋」に通じるどのような教育論が提唱されたか。

* * *

科学技術、議会制民主主義、自由主義経済は、「近代西洋」を支える三本柱です。また、「近代西洋」は、これらを尊重する合理主義の精神や価値観によって思想的、制度的に展開してきました。したがって、「近代西洋」は、科学革命、市民革命、産業革命を通じて確立されていったといえるでしょう。「近代西洋」の教育思想、教育方法、教育制度も、これらと密接に関連して発展してきました。

では、科学技術、議会制民主主義、自由主義経済を成立させた科学革命、市民革命、産業革命は、どのような歴史的・社会的な状況やその中での思潮を背景として発生したのでしょうか。さらにいえば、そのような革命を成立させる基盤となった、合理的・自律的な個人という「近代西洋」における人間観は、どのようにして誕生したのでしょうか。

本章では、そのような人間観を誕生させた要因として、ルネサンスと宗教改革を取り上げ、それらの時代にどのような人間観が新たに提唱され、そこからどのような教育思想が論じられたのかを述べます。

ルネサンスでは、一般的には古代ギリシア・ローマの文芸が復興したといわれています。中世のヨーロッパは、キリスト教への信仰中心の社会でした。しかし、十字軍の遠征やアラビア商人との交易を通じて、ヨーロッパ世界の人々が、自分たちの祖先である古代ギリシア・ローマ時代の文芸と再会したといわれています。その再会において重要な点は、キリスト教以前の人間の生き方に出会ったことでした。人間の視覚的な美意識、あるいは肉体や感情が正面から取り上げられ、それらに対する称賛に溢れている文芸の存在を知ったことでした。そこから人間性への信頼、人間中心主

義の芸術や思想が復興的に展開されることになったのです。子どもという存在について，新たな観念において捉える教育思想が展開されました。

　一方，ルターによって開始された宗教改革は，ローマのカトリック教会に対する抵抗と，それによるキリスト教の分裂と新宗派の成立という出来事にとどまりませんでした。ローマ教会の権威からの信仰的な自立は，自分たちを取り巻く自然界の真理を知ること，自分たちの暮らす社会を統治することなどについての自立運動へと発展しました。さらには勃興しつつあった商工業者たちに世俗内禁欲という新たな生き方を提示しました。ローマ教会の権威から自立して，宗教改革ではどのような人間の新たな在り方が求められ，また，それによって「近代西洋」に通じるどのような教育思想が論じられたのでしょうか。

　ルターによって開始された宗教改革は，単にプロテスタントというキリスト教の分派を生みだした事件にとどまらず，その後の西洋社会の人々の思想全般に大きな影響を与え，社会・政治・経済を大きく変えていくことになりました。そのような変化の中で，人間についての新たな可能性が主張され，それを具体化するための教育思想，教育方法，教育制度が生まれるのです。

1 ルネサンスと新しい人間観
——人文主義の思想家たちの人間観——

> **Question**
> ①ルネサンスの教育と中世の教育は，教育内容や教育方法といった点でどのように異なっていたのだろうか。
> ②人文主義者たちは，新しい教育によってどのような人間形成を目指していたのだろうか。

（1）エラスムス
■人間を作る理性

オランダで生まれたデシデリウス・エラスムス（Desiderius Erasmus：1466？-1536）は，「新しい信心」（Devotio Moderna）運動の影響を受けて育ちます。彼は生涯ヨーロッパ各地を転々としながら，『格言集』（1500年），『痴愚神礼讃』（1511年），『校訂ギリシア語版新約聖書』（1516年）など数々の著作を書き残し，「人文主義の王者」と呼ばれました。

さて，エラスムスは人間をどのように捉えていたのでしょうか。彼は，人間の本質を「理性」にあるとみていました。人間だけが他の動物と異なり神から「理性」を与えられ，唯一「言葉」を操れる被造物であると考えたのです。エラスムスの『子どもの教育について』（正式な題名：『子どもたちに良習と文学とを惜しみなく教えることを出生から直ちに行う，ということについての主張』，1529年）には，「人間性を作るのは理性」であり，「人間は生まれながらにして人間なのではなく人間になっていく」とあります。

彼は，言語の修得によって理性が鍛えられ，より人間らしくなるとみたのです。そのため古典作品に書かれた優雅で卓越した文体とそこに示されている有徳な内容に範を求め，古典作品の原典を用いて人間性を開花させようとする「フマニタス（人間性）研究」（studia humanitatis）の基礎として，子どもたちに古典語の文法と修辞学を学ばせようとしたのです。彼は，「学識と徳性」が新

しい教養を形成すると考え，普遍的なつながりをもった一つの共同体を構想しました。

■キリスト教的人文主義

ところで，14世紀にイタリアで始まった古代ギリシア，ラテンにおける「学芸復興」の機運のもとで展開された人文主義の考えは，15，16世紀にかけて宗教性を帯びて北方ヨーロッパへと伝わりました。エラスムスの思想的特質にも，キリスト教的人文主義というものが認められます。

彼は『キリスト教兵士必携』（1504年）の中で，キリスト者として生きるための武器は「知識と祈り」であるとし，子どもの模範とされるべき古典作品の対象を，キリスト教誕生以前のギリシア，ラテンといった作品のみならず聖書にも広げることによって「学ある信仰」を求めたのです。

彼が作成した修辞学テキスト『言葉と内容の豊かさについて』（1512年）には，ギリシア，ラテンの古典作品の詩，歴史，哲学とともに，聖書から直接引用された文章や表現なども多く載せられ，そこから子どもたちは純正な言葉の使い方と道徳的価値を学んだのです。このテキストは，活版印刷の発明に伴い，ヨーロッパ全土の多くの学校で使用されました。

■人間の主体性の主張と新しい教育論

エラスムスの『自由意志論』（1524年）には，自由意志をもつ人間は主体的に自己決定でき，神の恩寵に対して応答する責任がある，と書かれています。当時の人々は，カトリック教会の絶大な権力の前に教会教義を無批判に受け入れ，信仰生活は形式的なものとなっていました。彼は，自分たちがどのように生きるべきか，一人ひとりが聖書を読み，神意に照らして自ら考え，行動する人間の形成を目指したのです。

またエラスムスは，テキスト（教育内容）だけでなく新しい教育方法も提唱しました。それまで，教会や修道院に付設された学校での教育といえば，聖職者が聖務日課の傍ら，笞と罵倒によって権威づけられたラテン文法書の説明文を丸暗記させているだけでした。

しかし彼の『学習の方法について』（1512年）には，子どもらしさが認められ，罰ではなく賞賛やゲームの導入など学習意欲を高める工夫，子どもの自然に

沿った段階別の学習方法が示されています。そして，これまでなおざりにされてきた初等・中等教育を行う教師の役割についても，人格形成に関わる重要な責務を負っているとして，その教育的意義が指摘されています。

　中世のスコラ哲学と対峙するエラスムスの著作の中には，その牙城であるパリ大学神学部（ソルボンヌ）から禁書扱いとなったものもあります。それでもなお，キリスト教的人文主義教育によって，「学識と敬虔」の両方を兼ね備えた子どもたちが，批判的精神をもってなすべき行動を自ら判断できるよう期待したのです。

（2）ラブレー
■民衆文学による権力批判

　フランソワ・ラブレー（François Rabelais；1483？-1553）は，エラスムスから思想的影響を強く受けたフランスを代表する人文主義者の一人です。彼は，ブルジョワ家庭に生まれ，フランシスコ会修道院に入り伝統的な教育を受けました。その頃ラブレーは，ギリシア語研究を始めましたが，フランシスコ会に関連書籍を没収されてしまいます。ソルボンヌが異教の言語としてギリシア語研究を禁止していたからです。そこで彼は，世俗文化に理解あるベネディクト会修道院に転籍したのですが，パリで医学の勉強をするため修道院を離れ，在俗司祭となりました。

　その後医師となったラブレーは，イタリア人の多く住むフランス・リヨンの病院で働きました。パリから遠く検閲の目が十分に行き届かないこの地で『パンタグリュエル物語』（1532年）を執筆し，またイタリアに行く機会をえて，『ガルガンチュワ物語』（1534年？）も出版したのです。これらの作品は，ガルガンチュワとその子パンタグリュエルを中心に描いた，巨人王家一族をめぐるユーモアに溢れた民衆文学です。

　『ガルガンチュワ物語』には，ガルガンチュワの父親が息子の教育をソルボンヌの詭弁哲学大博士に託す話が出てきます。けれども暗記中心の機械的な教育を何十年も受けた結果，ガルガンチュワは与えられるだけの何も考えられない人間になってしまったのです。それを知った父親は，変わり果てた息子の姿

に嘆き悲しみました。そこに新しい教育を受けて育った別の少年が登場します。彼はキケロのようなラテン語を操り，身なりも清潔で，物事の判断にも優れ，言葉遣い，話し方，振る舞いなどすべてにおいて優雅な少年でした。父親は，息子に人間らしさを取り戻させたい，とその少年の先生に教育を依頼します。

■中世的権威からの解放

新しい教育は，原典回帰をモットーとする人文主義的考えのもとで，「下剤」による頭の中身の洗浄から始まります。早朝の聖書朗読に始まって，古代作家，カルタを取り入れた数学，実験，音楽，絵画，散歩をしながらの植物採取，歌，踊り，身体の錬磨，遊戯，有益な談話，祈りなど，一日中あらゆる事柄が無駄なくバランスよく取り入れられました。ガルガンチュワは，創意工夫を凝らした飽きることのない方法によって楽しく学び，もてる能力を出し切りたいと向学心に燃えるのでした。

ここに，ルネサンス特有の人間の本性に対する讃美，つまり，善にも悪にもなりうる人間が自ら高みへと志向する姿への讃美が読み取れます。またこの物語には「テレームの僧院」という修道院も出てきます。この修道院の規則は，「欲することをなせ」というものだけで，男女が共生し，蓄財も許され，自由に出て行けるなど自由意志が尊重されました。僧院の中には聖書を原典で読むために必要なヘブライ語やギリシア語の本から実にさまざまな書物を収めている図書館があり，そこで十分な教養を積んだ人々は，悪を退け徳ある行動へと自らを駆り立てる英知を得たのです。

『パンタグリュエル物語』には，父親となったガルガンチュワがパリ留学中の息子パンタグリュエルに宛てた手紙が出てきます。ガルガンチュワは，新しい教育を吸収しようとしている息子の姿にかつての自分を重ね合わせ，どんなに多くのことを学んでも，それがより良い人間としての生き方に結びつかなければ意味がない，と愛情を込めて忠告します。

ここにも，中世にはみられなかった若い世代に対する温かい眼差しと期待がみて取れ，真の学びとは人間性を豊かにするものであるとの考えが示されているのです。やがてギリシアの雄弁家のようになったパンタグリュエルは，学問全般にわたる難題に挑み，三段論法といったスコラ哲学的方法を駆使したパリ

大学の神学者を打ち負かすまでに成長したのでした。

　これらの作品も，ソルボンヌを痛烈に風刺していたため禁書扱いになってしまいましたが，ラブレーは中世哲学の権威のもとでの硬直した教育や人間観と，人間らしさを追求したルネサンスの教育や人間観を見事に描き出し，文学作品という形で民衆に示したのです。

（3）コレット

■学識と信仰の結びつき

　人文主義の教育論を学校教育という形で具体化させたのが，ジョン・コレット（John Colet；1467-1519）です。ロンドンの裕福な中産階級の家庭に生まれた彼は，大学卒業後，フランス，イタリアなどへ遊学の旅に出ます。そこでルネサンスの新思潮に触れて帰国し，オックスフォード大学で新しいスタイルの聖書研究を始めます。中世のスコラ哲学的方法による聖書解釈は，聖書から特定の言葉を断片的に取り出し，権威ある註解書と突き合わせながら論理的に整合しているかどうかを厳密に検証するものでした。

　けれども，コレットは聖書そのものを文脈に沿って全体的に読み解き，そこから人としての生き方に関わる道徳的教説を導き出したのです。その影響は大きく，1499年にコレットの講義を聞いたエラスムスは，学識と信仰とが見事に結びついていることに深く感動し，これを機にキリスト教的人文主義者の道を本格的に歩むことになったのです。

　その後，聖パウロ司教座教会首席司祭となったコレットは，高位聖職者の堕落を痛烈に批判する説教を行い，異端の廉で訴えられますが，それはカトリックそのものを否定して新しい宗教を作りだそうとしたものではなく，カトリック内部の改革を促すものだったので，訴えは取り下げられます。

■聖パウロ学校の設立とそこでの教育

　コレットは，大人には説教を，子どもには教育を通して信仰の立て直しを図ろうと決心し，教会権力が介入できないよう巨額の私財を投じて聖パウロ学校を建てました（1512年）。

　彼の学校は，子どもの模範となるべき教師やテキストの選定，教育方法に至

るまでエラスムスの全面的な協力を得ることで,高位聖職者から「異端の館」などと非難されながらも,後続する人文主義学校のモデルとなったのです。中世の子どもたちは,暗唱した回数が異なっているとしても同じクラスに入れられ,ひとくくりに扱われていましたが,この学校では,個々人に目が向けられ,一人ひとりが無理なく学べるよう進度に応じたクラス編成がなされたのです。また,当時としては大変珍しい子ども専用の衛生施設(トイレ)も設置しました[*1]。

　主な学習内容をみてみると,まず入学まもない子どもにもわかりやすく親しめるようにと,コレットが英語で書いた教義問答書と初級ラテン文法書を学びます。当時はラテン語による教義問答書しか認められていませんでしたので,画期的な試みでした。次に,先ほどの教義問答書をコレットの求めに応じてエラスムスが易しいラテン語に訳し直したものと,実用的な用法を盛り込んだ中級ラテン文法書を学びます。この文法書は,エラスムスと初代校長が共同執筆したもので,校長はギリシア,ラテン両語に精通し徳も兼ね備えた著名な文法家でした。聖職者でなかったために副業なしで教育に専念できるよう十分な給与と邸宅が与えられました。

　文法の学習が終わると修辞学に入ります。子どもたちは,予め教師から与えられた主題に沿って,次の授業までにエラスムスの修辞学テキストに載せられた多様な表現から適するものを各自で選び出し,相手の心に響く優れた内容になるよう自由に作文します。最後は原典講読で,聖パウロ学校では特に宗教的作品が用いられ,キリスト者として為すべきことを自らの頭と心で判断,実践していけるよう,言葉の背後にある作品の意図を読み取ることが求められました[*2]。

　ルネサンス期に興隆した人文主義の学校には,将来仕事をするうえでラテン語を必要とする6,7歳から12,13歳程度までの都市市民の子弟が通っていました。人文主義教育は社会に台頭してきた新しい支配階級を中心に受け入れら

＊1　McDonnell, M. F. J. (1959). *Annals of St Paul's School.* Privately Printed for the Governor, p. 44.

＊2　Lupton, J. H. (1974/1887). *A Life of John Colet.* Burt Franklin, pp. 154-177.

れましたが，やがて貴族主義かつ衒学的傾向を帯びていくことになってしまうのです。

> ❖ 読書案内
> 安酸敏眞『人文学概論——新しい人文学の地平を求めて』知泉書館，2014年
> エラスムス，中城進（訳）『エラスムス教育論』二瓶社，1994年
> ガレン，近藤恒一（訳）『ルネサンスの教育——人間と学芸の革新』知泉書館，2002年
> ラザール，篠田勝英・宮下志朗（訳）『ラブレーとルネサンス』白水社，1981年
> ラブレー，渡辺一夫（訳）『第一之書　ガルガンチュワ物語』『第二之書　パンタグリュエル物語』岩波書店，1984年

2 宗教改革と新しい信仰
――ルター――

― *Question* ―――――――――――――――――――
①ルターが宗教改革をはじめた理由は，どこにあったのだろうか。
②宗教改革は，どうして教育改革にもなったのだろうか。

(1) 宗教改革の背景

■カトリック教会への異議申し立て

　宗教改革といえばルターです。宗教改革者ルターが改革せざるをえなかった当時の宗教――キリスト教――をめぐる状況はどのようになっていたのでしょうか。西洋では，宗教と文化，人間の在り方・生き方そして教育は，とても密接に結びついていました。

　1517年ルターは「贖宥の効力を明らかにするための討論」を，ヴィッテンベルク大学の習慣にしたがって，城教会の扉に掲示したといわれています。これがいわゆる「95箇条の提題」です。このラテン語で書かれた文章は，もともと大学での討論のためのテーゼです。ここに宗教改革がスタートしたとされます。

マルティン・ルター（Martin Luther；1483-1546）
- 1483年　アイスレーベンに生まれる。
　　　　　エアフルト大学で法学を学ぶ。
　　　　　シュトッテルンハイムで落雷に遭い，修道士になることを決意。
- 1512年　ヴィッテンベルク大学神学部で聖書学教授。
　　　　　20年『キリスト者の自由』
　　　　　(1521年　メランヒトンによる『神学要覧（ロキ・コンムーネス）』初版出版)
　　　　　(1524-25年　ドイツ農民戦争)
　　　　　24年『ドイツ全市の参事会員に宛てて，キリスト教的学校を設立し，維持すべきこと』
- 1525年　カタリーナ・フォン・ボラと結婚。
　　　　　29年『カテキズム』
- 1546年　アイスレーベンで死去。

ローマ教皇を中心とするカトリック教会は，教会という政治的制度を通じてのみ，人々は罪から救われると説きました。今日の私たちとは異なり，当時の人々にとって死後の世界，地獄や煉獄や天国は，とてもリアルなものでした。そこで，教会には人々を救う力があると信じられてきましたし，教会はそのように大きく宣伝もしてきました。

　人間は生きているあいだに数々の罪を犯します。たとえば「隣の人のものを盗んではならない」という神からの戒め——十戒——の一つをとってしても，隣にいる人のものを実際に盗むことはなくとも，心の中では羨ましく欲しくなってしまうことは，だれにでもあります。こうした心の中ででも人は罪を犯してしまうものですし，ひどい言葉を口にしてしまうこともありますし，まちがった行いをしてしまうこともあります。心において，言葉において，そして行いにおいて，一生のあいだ罪を犯さない人間は一人もいません。すると，私たちはみな罪人です。これではすべての人が地獄行きです。

　しかし，教会には秘跡（サクラメント）という制度がありました。教会に所属する司祭など聖職者を前にした悔悛や懺悔を通じて，数々の罪が赦免されたり軽減されたりするという習慣が，中世を通じて形成されていたのです。その一つが贖宥状です。これは免罪符ともいわれました。つまり，この贖宥券を金銭によって買うことにより，お札を手に入れることで，罪が赦されたり，軽くされたり，さらには自分だけではなく親類縁者の罪まで，同じように償われると信じられたのです。免罪符を買えば，悔い改めの必要はなくなるのです。すると，金銭をもつ者が「善行」によって救われることになってしまいます。これはどこかおかしい。このことに正面から堂々と異議申し立てをしたのがルターでした。

> 私たちの主であり師であるイエス・キリストが，「悔い改めなさい……」〔マタイ第4章17節〕と言われたとき，彼は信じる者の全生涯が悔い改めであることをお望みになったのである。　　　　　　　　　　　　（「贖宥の効力を明らかにするための討論」[*1]）

[*1]　ルター，ルター研究所（編）『ルター著作選集』教文館，2005年，9頁。

■信仰によってのみ

　実際に贖宥状による収入は，ローマの聖ペトロ（サン・ピエトロ）大聖堂の建設費用にも充てられていました。イタリアではルネサンス真っ盛りです。有名な芸術家たちが活躍していた時代です。ルネサンス芸術には，多額の費用が必要です。贖宥状からの収入の一部も，そのような出費に充てられていました。ルターも一度だけ，絢爛豪華で明るいローマを訪問したことがありました。ドイツの深い森と山の中で生まれ育ったルターにとっては，驚きでした。

　法学部を出て本来は官吏になることを親からも望まれていたルター。しかし，落雷に遭って一命をとりとめる経験をしてから，親の反対を押し切って修道士となり，神学の道に進みます。そこで，ルターは深く悩みます。どれほど模範的な修道士生活を送って善行を積んでも，自己の内なる罪は消えないばかりか，その罪意識は高まるばかりです。苦しみ抜いたルターが出合ったのは，聖書に記された言葉であり，福音でした。これは，救い主としてのイエス・キリストの言葉です。つまり，「信じる者の全生涯が悔い改めである」ことに開き直ることができたのです。罪人が罪人として各自が各自の重荷を背負って生き抜くことの大切さをイエスは聖書の福音書の中で語った。そうして精一杯生きていれば，あとはキリスト（救い主）であるイエスが，その十字架に象徴されるように，私たち人間のすべての罪を引き受けて救ってくれる。そういう確信をルターは得ることができたのです。このキリストへの信頼を「信仰」といいます。

　信仰によってのみ救われる。ここに新しい信仰が生まれました。それは聖書のみに基づくものであり，キリストを通じた神の恩恵のみに基づくものでもありました。この新しい信仰のみによって，宗教改革は動き出したのです。ルターはカトリック教会から破門されます。

（2）宗教改革は教育改革でもある

■聖書を読むこと

　以後，ルターが説き続けたのは，人間の全生涯が悔い改めであるという自覚をもって，すべての人々が自分の職業という持ち場で一所懸命に働くことでした。職業とはドイツ語でBeruf，英語でcallingです。神の声によってその持ち

場に呼ばれるということです。そこでの働きが隣人愛につながります。この働きを支えているのは，悔い改めてキリストを信頼する信仰です。こうした信仰と隣人愛を，すべての人々が聖書を通じて直接に学んでほしい，とルターは願いました。それには，小さい子どものうちから読み書きを学ぶ必要があります。そのためには，聖書もヘブライ語やギリシア語や，そのラテン語訳ではなく，ドイツの人々の日常の言葉であるドイツ語に訳する必要があります。ルターは聖書のドイツ語訳事業に取り組みます。そこでメランヒトン（Philipp Melanchthon）も活躍しました。

■すべての子どもたちを学校へ

ルターによる宗教改革は，さまざまな政治的事情も絡んで，ドイツでは戦争にまで発展するような運動となります。中世を通して教育機関の担い手は教会でしたが，このカトリック教会制度は，ルターたちプロテスタント教会によって破壊されてしまいます。修道院もなくなりました。そこでルターやメランヒトンは，新しい学校教育制度を整える必要に迫られます。

1524年，ルターは『ドイツ全市の参事会員に宛てて，キリスト教的学校を設立し，維持すべきこと』を出版します。親は子どもを学校に通わせる義務があり，当局には学校を設立する責任がある。男女を問わず，すべての少年少女が毎日1時間でも2時間でも学校に通って，ドイツ語，さらにはラテン語の読み書き，歴史，聖歌，音楽，算数を学べるように，とルターは行動を開始します。家庭でもキリスト教信仰への手引きとなるように『カテキズム』（教理問答書，1529年）を著しました。数々の説教や出版を通じて，ルターは学校教育制度の充実に尽力します。テキストに記された原文としての言葉を重視する人文主義(ヒューマニズム)に基づいたキリスト教学校が各地に設立されました。16世紀，すでにルターは新しい信仰のみによって，義務教育制度を提唱していたというわけです。

現代でもルター派など，古いカトリック教会に対する新教が支配的な地域や国々——ドイツや北欧——は先進国として経済的にも発展してきました。その土台には，聖書を読むというリテラシーに対するルターの大きな関心があったといっても過言ではありません。宗教改革は教育改革でもあったのです。

読書案内

金子晴勇・江口再起（編著）『ルターを学ぶ人のために』世界思想社，2008年
菱刈晃夫『ルターとメランヒトンの教育思想研究序説』溪水社，2001年
菱刈晃夫『メランヒトンの人間学と教育思想――研究と翻訳』成文堂，2018年
ユング，菱刈晃夫（訳）『メランヒトンとその時代――ドイツの教師の生涯』知泉書館，2012年
ルター，ルター研究所（編）『ルター著作選集』教文館，2005年

● **Column 3** メランヒトン——ドイツの教師 ●

　宗教改革者といえば真っ先にルターの名前が浮かびますが，その傍らで彼を支え続けた人物がいました。それがメランヒトン（Philipp Melanchthon；1497-1560）です。

　ルターによる宗教改革は，当時の教育機関でもあった教会附属学校や修道院を廃止してしまいましたので，それに代わる学校を設立する必要が生じました。ルターは，主に初等学校の設立を呼びかけましたが，中等・高等学校，現代のドイツにも残るギムナジウムの設立や大学教育改革に尽力したのがメランヒトンでした。その業績を讃えて，彼は存命中より「ドイツの教師」（Praeceptor Germaniae）と呼ばれてきました。影響は全ヨーロッパに及びます。

　彼は早熟な天才型の人文主義者でした。12歳でハイデルベルク大学に入学し，15歳のときチュービンゲン大学に移り，17歳で学芸修士となります。大叔父には，やはり有名な人文学者ロイヒリン（Johannes Reuchlin；1455-1522）がいました。ギリシア語はもちろん，ヘブライ語やユダヤ教の神秘主義カバラーにも詳しい人物です。じつはメランヒトンという名前は大叔父から贈られたもので，ドイツ語の本名シュヴァルツェルトのギリシア語化です。

　人文主義者はヒューマニストともいわれますが，その意味はラテン語のフマニタス，ギリシア語のパイデイアを重んじる教養・教育の立場をとる人々です。つまり，古代ギリシア・ローマ以来の古典語で記された原典（テキスト）をダイレクトに読むことを通じて，そこに内蔵された人間性を再び身につけ，これを次世代に伝えるという立場です。かのエラスムスも人文主義の王者でした。古典語の習得と文献の読解によって身につけられた教養。これをベースにした教育。この二つをあわせもつ言葉は，ドイツ語でビルドゥングといわれました。ちなみに，ルターはエラスムスと人間観をめぐって決裂したのに対して，人文学者メランヒトンは終生にわたり親交を保ちました。

　しかし，ルターによる宗教改革も，この人文主義の成果によるものでした。それは，教会の手垢にまみれたラテン語訳聖書を，そのオリジナルな原典——ヘブライ語の旧約とギリシア語の新約——にまで遡って批判的に新しく解読しなおし，ここからドイツ語訳聖書を完成させたことにも表れています。ルターによる聖書のドイツ語訳はルター一人でなされたようにいわれますが，本当はヘブライ語にもギリシア語にも堪能なメランヒトンの助けがなければ，決してなしえなかった一大事業でした。

　1518年，メランヒトンは設立されて間もないヴィッテンベルク大学のギリシア語教師として，ルターのもとに

やってきました。ロイヒリンからの推薦です。当時，若干21歳。若き大学教授の誕生です。それから引く手あまたであったにもかかわらず，メランヒトンはヴィッテンベルクにとどまります。そして，ルターによる福音主義信仰の立場を守ります。

ギリシアやローマの古典文学や道徳に自然哲学のみならず，聖書神学，さらに数学から天文学に占星術，医学などに至るまで，メランヒトンがカバーした学問はありとあらゆる分野に及びます。人文主義を基礎としながらも，メランヒトンは当時の新しいルネサンス科学的な学問成果を積極的に取り入れていきました。

たとえば，すでにコペルニクス（Nicolaus Copernicus；1473-1543）による地動説も知られていました。メランヒトン自身はこの見方には反対しましたが，学説に対しては開かれていました。医学に関しては，伝統的なヒッポクラテス（Hippokrates；前460頃-375頃）やガレノス（Galenus；129頃-199）のみならず，ヴェサリウス（Andreas Vesalius；1514-1564）による近代解剖学の知見も取り入れています。彼は，こうした新しいルネサンス医学や研究の成果を貪欲に吸収しながら，これらを材料にして，ルターによる「信仰のみ」の神学を補強していきます。『神学要覧（ロキ・コンムーネス）』（1521年）も執筆します。

ルターは，信仰によってのみ人間は神の前に義——正しい者——とされるという信仰義認論を展開しましたが，メランヒトンはこうした神学の内容を，自然哲学をも援用して説明しようとします。神による恩恵が聖霊を通じて人間に注ぎ込まれるという場合，聖霊が血液の中で生命精気と混ぜ合わされて，心臓から全身に行き渡るというような説明です。神学的思想が自然科学的に解釈された典型例です。

また，ルターがアリストテレスを毛嫌いしたのに対して，メランヒトンはアリストテレス主義者でもありました。ルターはアリストテレスの倫理学が説くように，善い行いが善い人を作る，といったことに我慢がなりません。信仰のみの立場からすれば当然です。しかし，「信仰のみ」が行き過ぎた結果，聖書というテキストも道徳というモラルも無視したような，怪しげな心霊主義者が現れました。これが農民戦争につながります。メランヒトンはアリストテレスによる理性的な見方を保ちながらも，ルターによる信仰を守りぬくという難題に取り組んだのでした。

3 汎知教育による平和への願い
——コメニウス——

> **Question**
> ①コメニウスの教育思想は，どこが近代的なのだろうか。
> ②コメニウスが教育に求めたものは，何だったのだろうか。

（1）平和への願い

■宗教改革に続く混乱

　ルターによる宗教改革は教育改革にもなり，新しい学校教育制度や大学が整備されました。しかし，キリスト教世界は，カトリックとプロテスタントという大きく二つの陣営に分かれてしまい，ここに混乱と戦争が続きます。1618年には三十年戦争が勃発。カトリック側のハプスブルク家とプロテスタント側のドイツ諸侯が長年にわたって争い合います。現チェコ共和国のモラヴィアで生まれ，もともとボヘミア兄弟団というプロテスタント側の牧師であったコメニウスは，ボヘミア独立運動と密接に関わっていましたので，ハプスブルク家から激しく迫害され，生涯にわたり不安定な諸国放浪を余儀なくされました。

　コメニウスといえば近代教育学の父。しばしばそういわれてきましたが，果

ヨハネス・アモス・コメニウス
(Johannes Amos Comenius；1592-1670)
- 1592年　現チェコ東部ウヘルスキー・ブロード近郊に生まれる。
プシェロフのラテン語学校を経て，ヘルボルン大学，ハイデルベルク大学に留学。アルシュテット，ベーコン，ラトケらの影響を受ける。
- 1614年　帰国。プシェロフの教会附属学校で教師となる。
- 1618年　ボヘミア兄弟団の牧師となる。
（1618～48年　三十年戦争）
- 1621年　迫害のため諸国放浪へ。
各地で著作を執筆。
- 1670年　アムステルダムで客死。

たしてそうでしょうか。ルターによる宗教改革に先立ち，プラハではフス（J. Hus；1369-1415）という神学者が，すでにカトリック教会に対して反旗を翻していました。彼もまた宗教改革者と呼ばれ，チェコでは絶大な人気を誇っています。コメニウスも，そうした流れを受け継いでいます。確かにコメニウスは教育に関する数多くの著作を残しましたが，彼はまずキリスト教の牧師でした。この点では，ルターと同じです。確たるキリスト教信仰によりながら，ヨーロッパの平和のために，教育にできることを模索したのがコメニウスでした。

▰教育による社会変革

西洋で近代と呼ばれる時代は，ふつうルネサンスと宗教改革に始まるとされていますが，その大きな特徴は，人間が自分たちの手でよりよい社会や世界を築いていけるという希望にあります。ここには，人間が自らの頭とからだを賢明に用いさえすれば，自分たち人間を含めて，よりよく作り変えていけるという信念があります。この新しい近代に対して，それ以前の中世は暗黒の時代といわれました。栄光に満ちたギリシア・ローマの古典古代と近代とのあいだに挟まれた中間の時代ということです。

さて，近代の希望と信念，そして進歩を支えていたのが，じつは新しい信仰でありキリスト教でした。コメニウスは確たるキリスト教信仰と当時の学問の成果を取り入れて，その教育学を体系化していきます。代表作として，まず『大教授学』（1657年）をあげておきましょう。

> 人間が生まれた時から負わされている注文は，Ⅰ．あらゆる事物を知る者となり，Ⅱ．さまざまな事物と自分自身とを支配する者となり，Ⅲ．万物の源泉である神に自分自身とあらゆるものをかえす者となれ，ということであります。
> （『大教授学』）[*1]

（2）汎知教育

▰種子の理論と方法への着目

人間が生まれてきたからには三つの使命がある，とコメニウスはいいます。

---

*1　コメニウス，鈴木秀勇（訳）『大教授学』明治図書出版，1973年，63頁。

「Ⅰ」の結果は学識として，「Ⅱ」の結果は徳性あるいは尊敬に値する徳行として，「Ⅲ」の結果は神に帰依する心あるいは敬神として，それぞれが結晶化します。ただし，この三者——学識・徳・敬神——の種子は，私たちの中に自然に備わっているというのがコメニウスであり，この点は，人間の罪へと深く沈潜していったルターとは趣を大きく異にしています。どの人間の中にも生まれつきこの三者の種子がある，根がある，とコメニウスは確信していました。後は，これらをどう上手く引き育てていくか。ここに方法への着目があります。こうした近代的方法的発想をコメニウスは，ベーコン（Francis Bacon；1561-1626）から学びます。

ベーコンの『学問の進歩』（1605年）をコメニウスは読んでいました。人間の中にあるさまざまなイドラ（幻影・虚想）を点検して，先入見をできるだけなくし，あらゆる事物を知る者になること。これを方法的に推し進めるのが教育——汎知教育（パンパイデイア）——の役目となります。そこで，言葉よりも感覚や経験を通じた事物が言葉に先立つ，という感覚的実学主義が芽生えます。『学問の進歩』の中でベーコンは，身体を鍛錬する規則があるように，精神を鍛錬する規則も数多くあると述べましたが，コメニウスはそうした規則を見出して，これを教授学という方法にまで体系化しようとしたのです。そして，学校でこれを段階的に実現しようとします。

コメニウスはすべての人間が先の三者の種子を発芽させ展開できるようにとの願いをもって，1歳から24歳までの若い人々の年齢段階を四つに区切りました。①幼児期（1～6歳）の母の下にある時期。②少年期（7～12歳）の初級学校もしくは母国語学校の時期。③若者期（13～18歳）のラテン語学校もしくはギムナジウムの時期。④青年期（19～24歳）の大学もしくは外国旅行の時期。こうした発達段階に応じて，先の三者の種子が自然の法則にかなう形で，合理的に形成されていく方法をコメニウスは提案したのです。

①の時期には，さまざまな事物と外部感覚を通じて触れ合う訓練が重視されます。②の時期には，文字の読み書きなどを通じて記憶や想像力などの内部感覚の訓練が重視されます。③の時期には，外部感覚から内部感覚を経て獲得された情報についての認識力や判断力の訓練が重視されます。④の時期には，哲

学や法学や医学や神学を学ぶことによって，いよいよ三者の種子の調和的発展と完成の訓練が重視されます。

■事物と言葉を結ぶ教科書『世界図絵』

　コメニウス自身は教育の目的を，平和な社会や世界の建設と，そして来世への準備にあるとしていました。人間の究極の目的が現世の外にあり，現世の生命や人生は，すべて永遠の生命への準備だと信じていたコメニウスは，決して近代的でありません。むしろ中世的です。しかし，教授方法や発達段階，さらに感覚による事物の認識から言葉へ，といった感覚的実学主義においては近代的です。この感覚的実学主義を教科書に具現したのが，やはりコメニウスの代表作の一つ『世界図絵』(1658年) です。

　宗教改革までの教育をみてきてわかるように，その中心には人文主義があり，一にも二にも言葉が教育の主要な手段でもあり，かつまた目的でもある時代が長く続きました。すでにロック (J. Locke) の経験論やルソー (J-J. Rousseau) の自然主義を知る今日の私たちからすれば，外部感覚を通じて事物を直観的に認識し，内部に言葉や思考が形づくられるのは当たり前のように思われますが，こうした発想を実際の教育方法として具体化し，元祖ビジュアル版教科書を制作したのはコメニウスでした。150の項目に従って，言葉とそれに対応する事物の図絵が，見開きで記されて掲げられています。たとえば，第97節は「学校」です。次のような文章が記されています。そして，図絵も掲げられています。

　　学校は若人の心が徳へと形成される仕事場です。そしてクラスに分けられています。
　　教師はいすにこしをかけ，生徒は長いすにすわります。教師は教え，生徒は学ぶの
　　です。ある事柄がチョークで黒板に書いて示されます。二，三の生徒は教卓のそば
　　にすわり，書き方をします。教師はまちがいを正します。またある生徒は起立して，
　　教えられたことを暗唱します。別の生徒はおしゃべりをし，その上ふざけて不真面
　　目です。これらの生徒はむち (棒) や杖で罰せられます。　　　　　(『世界図絵』[*2])

　この言葉から逆にぴったりの図絵を想像して描いてみてください。いつの時

＊2　コメニウス，井ノ口淳三 (訳)『世界図絵』平凡社，1995年，220頁。

代や社会でも生徒や学生の様子はあまり変わらないことが，よくわかります。

❖ **読書案内**
井ノ口淳三『コメニウス教育学の研究』ミネルヴァ書房，1998年
コメニウス，井ノ口淳三（訳）『世界図絵』平凡社，1995年
コメニウス，太田光一（訳）『パンパイデイア——生涯にわたる教育の改善』東信堂，2015年
コメニウス，鈴木秀勇（訳）『大教授学』明治図書出版，1973年

[第3章]

啓蒙主義と教育論
―― 近代的個人の教育可能性 ――

Introduction

① 「近代西洋」では，どのような新しい人間観が生まれたのか。
② そのような人間の教育は，どのような原理によって可能だと考えられたのか。

＊　＊　＊

　近代的な人間とは，合理的・自律的な個人といわれています。自分の意志で理性的に意思決定のできる主体だといわれています。知的には公正に観察して論理的に考える思考者です。現代に続く科学技術，議会制民主主義，自由主義経済という「近代西洋」に生まれた価値や制度の中で生きる人々には，人間の普遍的な在り方のようにも感じられます。

　しかし，このような近代的な人間観は，宗教改革によるローマのカトリック教会からの信仰面での独立を契機として誕生しました。それによって，自然科学，すなわち，自然界がどうなっているのかについて，カトリック教会の公式見解を信じるのではなく，人間自身の観察と考察によって知識を得ようとする活動が広がりました。ガリレイ（Galileo Galilei；1564-1642），コペルニクス，ケプラー（Joha Kepler；1571-1630），ニュートン（Issac Newton；1643-1721）などによって，カトリック教会が唱えてきた教えよりも自然界について整合的に説明する理論が提唱されました。

　そのような科学革命の時代，イギリスのベーコンは，人間は偏見（イドラ）を排して自然を正しく観察すれば，また，フランスのデカルト（René Descartes；1596-1650）は，人間は生まれながらに備わっている理性（正しく考える能力）を行使すれば，自ら真理を知ることができると述べました。このように人間の知的能力に全幅の信頼が置かれるようになりました。

　人間の知的能力に対する信頼は，社会の在り方についての考察にも向けられました。人間が自らの知的能力に基づいて正しい知識を明らかにすれば，社会から不合理が排除されて正しい社会が実現されると主張されました。1700年代に展開された啓蒙主義とは，人間の知的能力に対する信頼に基づいて，合理的な社会の在り方を人間が自ら実現していこうとする運動

です。人間は，合理的に社会の在り方を考え，自律的にそのような社会を構成できる個人であると見なされました。このような啓蒙主義において，国王の統治権は神から与えられたと主張する王権神授説は不合理と見なされ，それに代わって，社会は合理的な個人の自律的な意志に基づく契約によって結成されたと主張する社会契約説が展開されました。社会契約説は市民革命を導く理論となりました。

　このように近代的な人間観では，人間が自らの知的能力によって正しい知識を発見し，自らの意志によって正しい社会を構成できると強調されました。では，そのような合理的・自律的な個人は，生まれてからどのようにしてそのような存在になるのでしょうか。啓蒙主義思想は，人間の成長・発達についても，カトリック教会の権威的な教えに従うことを拒否しました。啓蒙主義の思想家たちは，カトリック教会の教えに従わなくても，人間がそのような個人として成長・発達できることを説明する理論を追求しました。

　本章では，ロック，ルソー，カントという3人の代表的な啓蒙思想家を取り上げます。彼らはいずれも人間が生まれながらにして自らの知的能力によって真理を知ることができ，また，自らの意志で正しく社会を生きることができる存在であると主張しました。そして，人間がどのようにしてそのような存在へと成長・発達するのかについて，それぞれの教育論を展開しました。

　この点で啓蒙主義思想家の教育論は，いずれもそれぞれの論者自らの教育実践に基づいて考察されたものではありません。カトリック教会の伝統的・権威的な教えを排除したうえで，近代的な個人がどのように成長・発達するのかについて，それぞれの人間についての論理に基づいて説明しようと試みて考え出された教育論なのです。しかし，このような試みによって，次の時代，近代教育学が，人間が自らの手で子どもたちの教育を行うための理論を究明していくうえで，論理的な基盤が準備されました。

1 知性あり，有徳でタフな実務的人間の形成
──ロック──

> **Question**
> ①ロックはイギリスのどのような時代を生き，どのような社会の在り方を主張したのか。
> ②ロックは教育を通じて，理想とした社会において，どのように生きる人間の育成を求めたのか。

（1）新興ジェントリー層の代弁者
▰革命の混乱から国家的発展へ

ロックはピューリタン革命，王政復古，名誉革命というイギリスの市民革命の動乱期を生きました。17世紀のイギリスの主導権は，伝統的な特権的貴族大地主層と新興の地主（ジェントリー）や商工業者層との間で争われました。前者はイギリス国教会と結びついて王党派を形成し，後者の多くはピューリタンで，しだいに経済的実力を高めていました。ロックは，典型的なジェントリー*1

ジョン・ロック（John Locke；1632-1704）
- 1632年　リントンに生まれる。
  - （1640年　ピューリタン革命）
  - オックスフォード大学で哲学，宗教，後に医学を学ぶ。
  - （1660年　王政復古）
- 1667年　政治家アッシュリー卿（シャフツベリー伯）の相談役になる。
- 1683年　シャフツベリー伯の失脚による連座を恐れ，オランダに亡命。
- 1689年　名誉革命（1688年）により帰国。
  - 89年『人間知性論』『統治二論』『寛容論』
  - 93年『教育に関する考察』
- 1696年　貿易植民地委員会委員。
- 1704年　死去。

層の家庭に生まれました。この階層の人々は所有地から地代収入を得て，それを事業に投資して経済的に自立した生活を営んでいました。そのような収入を基盤に，国家や地方の公務にも携わりました。ロックも，ジェントリー層としての生涯を送りました。ロックの政治，経済，哲学，教育などの思想は，新興のジェントリー層の社会的な要求を基盤としています。

■名誉革命の正当化

クロムウェル（Oliber Cromwell；1599-1658）の死後，王政が復活しました。ロックが相談役となっていたシャフツベリー伯は，絶対王政の強化を図るジェームズ2世（在位1685～1688年）に批判的な立場でした。伯は国王から陰謀計画の嫌疑を受けてオランダに亡命し，ロックも連座を恐れて亡命しました。亡命中にロックは，友人から息子の教育に関して相談を受けて，『教育に関する考察』（1693年）にまとめられる一連の助言の手紙を書きました。

名誉革命によって帰国した後は，政府の貿易・植民地委員会の委員となり[*2]，貿易拡大促進に関する政策や貧民の就業のための政策立案に携わりました。

---

*1　イギリス国教会とピューリタン

　　ヘンリ8世（在位1509～1547年）は王妃キャサリンとの離婚を認めないローマ教皇に対して，「国王至上法」を発布し，ローマ教会からの離脱を宣言して，独自にイギリス国教会を設立した。国王に従う者は国教会派となった。イギリス国教会は新教に分類されるが，教義や儀式などにカトリックの伝統を残した。このことに対して，ジェントリー層を中心とするプロテスタントのカルヴァン派は，イギリス国教会の徹底した浄化（新教化）を主張した。このためこの派はピューリタンと呼ばれるようになった。

*2　ピューリタン革命と名誉革命

　　チャールズ1世（在位1625～1649年）は専制を強化して議会を開催しなかった。1639年，カルヴァン派の強いスコットランドに国教を強制して反乱に遭い，戦費調達の課税への同意を得ようと議会を開催した。しかし議会との対立を深め，内乱状態となった。議会派はクロムウェルのもと，ネイズビーの戦いで王党派を破り，国王を処刑して共和政を樹立した。ピューリタン革命である。クロムウェルはピューリタンの信仰に基づき厳格な政治を行うが，民衆の反発を招いた。そのため死後，王党派はフランスに亡命したチャールズ2世（在位1660～1685年）を呼び戻し，1660年，王政を復古させた。しかし，次のジェームズ2世は専制を強め，しかもカトリックの復活を意図した。このため1688年，議会は一致して国王を追放し，オランダからウイリアム3世（在位1689～1702年）を新しい国王として迎え，翌年「権利の章典」を制定した。流血なく立憲君主制への転換を遂げたので「名誉革命」と呼ばれている。

(2) 社会・人間に関する近代的原理の提案

■自然権思想

ジェントリー層は、自分の資産を自分の才覚と努力で運用して生きる人々でした。そのために、国王により財産を強制的に取り上げられることを嫌いました。自分の財産を守る制度を確立することが課題でした。名誉革命に伴う「権利の章典」(1689年)では、国王による恣意的な課税は禁止されました。

ロックは、人間の生命・身体・財産は、生まれながらに保証されている自然権であると主張しました。自然権とは、神によってすべての人間に与えられている権利です。このため国王や教会は、これを侵すことはできないのです。神と人間との直接的な結びつきを論拠にして、国王や教会による侵害から、これらの権利を守ろうとしたのです。

■社会契約論

自然状態とは、社会が結成される以前の神が創造したままの人間生活の状態です。ロックによれば、自然状態では人々は相互の自然権を尊重し合い、合理的・自律的な個人として平和に生活しています。したがって、人々は、本来、政府を必要としないのです。しかし、無法者の取り締まりの必要性から、人々は契約して社会を結成し政府を設置したのです。ロックにとって、政府を設置する目的は無法者たちからの国民の自然権の保護です。ですから政府が国民の自然権を侵害した場合、国民には「抵抗権」を行使して、議会活動を通じて政府を取り替える権利があります。このように近代的な立憲議会主義の原理を提唱しました。ロックは、王権神授説を論理的に無力化する論拠を構築したのです。[*3]

■人間精神白紙説

ロックと同時代のイギリスにはニュートンがいます。17世紀はイギリスを中心に自然科学が飛躍的に進歩した「科学革命」の時代です。人間が自らの知的能力によって自然界の真理を知った時代でした。

---

*3 この点で、ロックの社会契約論は、ホッブズ(Thomas Hobbes：1588-1679)よりも近代的だった。ホッブズは自然状態を人々の欲望が衝突・闘争する危険な状態だと考えた。そのため人々は自らの自然権を一人の権力者に譲渡して、そのもとで秩序ある生活を守るべきだと主張した。自然権を認め、社会契約説を採用しているものの、絶対王政を擁護する論理であった。

ロックは，人間は正しく観察すれば，自らの知的能力で真理を知ることが可能だと考えました。つまり，偏見や先入観なく受動に徹して観察し，情報を歪めずに精神に伝えれば，外界の事物についての正しい観念が精神に写し出されると論じました。ロックによれば，人間の精神は誕生したときは何も書かれていない文字板（白紙）です。そこに知識が書き込まれていきます。公正に観察すれば，誰でも正しい知識が記入されます。この考え方はイギリス経験論として発展します。

（3）知性あり，有徳でタフな人間を育てるための習慣形成
■白紙あるいは蜜蠟としての子ども

人間精神白紙説に基づけば，生まれたときの子どもの精神は白紙です。知識は生後の経験によって書きこまれます。また，ロックは，子どもを蜜蠟（形の決められていない蠟）に喩えます。生後の経験によって形が決められるのです。どのような人間に成長するかは，生後の経験によるのです。したがって，教育では，外部からの正しい働きかけが重要になります。教育とは，正しい働きかけを繰り返して，子どもに正しい習慣を形成することなのです。この点でロックは，教育は人間による外からの形成であると考えました。

ロックによれば，人間には生来，快を求めて苦を避ける傾向があります。そこで，子どもが正しい行動をしたときには称賛して，強化されるようにします。そのようにして，正しい行動を自分自身で繰り返させ，子ども自身で自らの習慣として確立できるようにするのです。ロックによれば，大人のそのような配慮と働きかけによって，合理的・自律的な個人へと教育されるのです。

> われわれが出逢う万人の中で，十人の中九人までは，良くも悪くも，有用にも無用にも，教育によってなるものだと言って差し支えないと思われます。教育こそ，人間の間に大きな相違をもたらすものです。　　　　　　　　　（『教育に関する考察』[*4]）

■質実剛健

ロックが目指した人間像は，伝統的な権威や身分に依存せず，自分の財産を

---

*4　ロック，服部知文（訳）『教育に関する考察』岩波書店，1967年，14頁。

資本に，自力で自分の人生を切り開いていく実務的人間です。そのような人間には，知性や道徳性だけではなく，精神的・肉体的な強靭性が必要とされます。

このため，ロックの教育論では，第一に，子どもを質素な生活を通じて身体的にも精神的にも強壮に育てることが論じられています。子どもを甘やかすことや怠けさせることは否定されています。屋外で活動させること，薄着，沐浴などが奨励されています。医学も学んだロックの見地に基づくものでした。

ロックは，道徳性の育成を重視しました。それは，市民社会を支える市民として，また経済活動に参加する実務家として必要とされる道徳性です。近代的な社会関係の中で有能に活動できる市民・実務家という観点から，徳育について論じました。具体的には他者から信頼される誠実さ，正直，節度，思慮分別，礼儀などを習慣として形成することの必要性が述べられています。

知育に関しては，知識の蓄積よりも，知的能力の形成を重視しました。注意，観察，保持，比較，抽象，合成などの知的能力は，使用と練習によって，いわば習慣として形成可能なのです。教科に関しては，伝統的な人文的教養主義ではなく，母国語，歴史，地理，法律，商業など実務的教科を重視しました。

> 知ることのできる一切のことを子供に教えることではなく，知識に対する愛と尊敬の念を子供の心の中に起こし，子供にその気があれば，自分自身で知り，向上する正しい軌道に乗せることです。　　　　　　　　　　（『教育に関する考察』）[*5]

■父親の教育権と家庭教育の重視

子どもは白紙や蜜蠟であるため，環境は教育に関して決定的な要因です。ロックは家庭での教育の重要性，他方，学校の教育的な害悪を論じます。全寮制の中等教育機関には，さまざまな家庭背景の子どもが入学します。不道徳や悪徳に染まった子どももいます。ロックはそのような子どもからの悪影響を懸念しました。

また，ロックは，子どもに対する教育権は，父親の自然権であると主張しました。ここから教育権は基本的には私権であると考えられはじめました。ロッ

[*5]　前掲『教育に関する考察』，305頁。

クは，父親が自らの責任で優秀な家庭教師を選任し，家庭で子どもを教育するべきだと論じています。

(4) 労働学校案
■ロックの教育論の二重構造

貿易・植民地委員会の委員の仕事の一つは，貧民を労働力化する政策案の作成でした。ロックは，労働学校の設立を提案します。教会の担当地域（教区）に労働学校を設置し，3歳から14歳の救貧対象家庭の子どもを通学させ，糸紡ぎなどに従事させる案でした。ロックは子どもたちを，厳しく管理して，勤勉で従順な労働態度の習慣を形成すべきだと主張しました。ロックの構想では学校の運営には，各教区の救貧税や子どもたちの労働での収入が充てられるため無償でした。しかし，救貧費受給対象者が子どもを通学させなかった場合には罰則を伴う義務制でした。

ロックは，貧窮は，怠惰な習慣の形成によると見なしました。貧民家庭の子どもは，親から離して学校に収容し，勤勉と従順な労働態度を，罰で脅して習慣化する必要があると考えました。労働学校の計画は，実現されませんでしたが，習慣形成の重視という点で，ジェントリー層の子どもに対する教育と同じ原理が示されています。しかし，貧民家庭の子どもに対するこのような教育方針は，ロックの教育論の二重構造として指摘されます。

(5) 評　価
■ジェントルマンの形成

ロックは，王権への抵抗を通じて，人間について合理的・自律的な個人と見なすという近代的な人間観を確立していきました。そして，政府はそのような個人の契約に基づいて設置されているという近代的な社会原理を主張しました。

ロックの考えた実務家教育と労働学校案は，国富の増大という目的に収斂されます。ロックは一方において，国富増大に貢献するリーダーとなる，知性あり，有徳でタフな実務家の育成を目指しました。そして，もう一方で，救貧対策費を減らし，かつ貧民家庭の母親を育児から解放して就労を促進し，貧民を

国富の増大に貢献できる勤勉な労働者に仕立てる方策を考えたのです。この点でロックの教育論は，17世紀後半のイギリスの市民革命とジェントリー層の台頭という時代の中で，ジェントリー層の政治的・経済的な地位を強固なものにするという視点から論じられたものでした。

しかし，ロックの教育論が目指した人間は，自分の意志で合理的に行動できる逞しい近代的な個人でした。新しい時代において独力で自らの人生を切り開いて生きるうえで，健康な身体は他者に依存しないで生きるための基盤であり，道徳性は他者と適切に社会的・経済的関係を結ぶための方式であり，知的能力は不合理な権威に惑わされずに合理的に判断するための武器だったのです。ロックの教育論は，そのような近代的な人間の人間自身による形成可能性とその方法について，イギリス経験論の原理に基づいて提唱されたものでした。

❖ 読書案内
　　白石晃一・三笠乙彦（編）『現代に生きる教育思想2　イギリス』ぎょうせい，1982年
　　浜林正夫『ロック』研究社，1996年
　　春山浩司・三笠乙彦・斉藤新治『ロック教育論』有斐閣，1976年
　　ロック，服部知文（訳）『教育に関する考察』岩波書店，1967年

第3章　啓蒙主義と教育論

2　素朴な友愛に溢れた自然人の生成
―― ルソー ――

> ***Question***
> ①ルソーは，どのような理由から「逆説の啓蒙思想家」と評価されているのか。
> ②ルソーの教育論が「消極教育」といわれているのは，彼の教育論がどのような論理によって展開されているからなのか。
> ③ルソーの生涯について考えてみよう。どのような出来事が彼の人生にどのような影響を与えたのか。そして，ルソーという一人の人間を，あなたはどのように理解することができるか。

（1）上昇志向の涯てに
■寂しく悲惨な子ども時代

　ルソーは，1712年にスイスのジュネーヴで，時計職人の二男として生まれました。しかし，母親はルソーが生まれて数日後に死亡しました。ルソーは自分のせいで母親は死んでしまったと思い込み，その罪悪感から亡母への慕情を強

ジャン＝ジャック・ルソー（Jean-Jacques Rousseau；1712-1778）
- 1712年　スイス・ジュネーヴに生まれる。
- 1728年　ジュネーヴを出奔。ワランス夫人の保護。
- 1742年　パリに出る。
- 1749年　ディジョンアカデミーの懸賞論文に応募（翌年当選）。
  - 50年『学問芸術論』
  - 55年『人間不平等起源論』「政治経済」
- 1756年　パリ郊外に隠棲。
  - 61年『新エロイーズ』
  - 62年『社会契約論』『エミール』
- 1762年　放浪生活（スイス，プロイセン，イギリスへ）。
- 1770年　パリに戻る。
  - 『告白』
  - 『孤独な散歩者の夢想』（死後1782年に出版）
- 1778年　死去。

く抱き続けました。

　一方，父親はその後，暴力事件を起こしてジュネーヴから蒸発しました。すでに兄も家を出ており，ルソーは孤児同然に残されました。牧師の家に預けられ，後に彫刻職人の弟子となりました。16歳のとき，ルソーは，市外からの帰宅が遅れて市の閉門に遅刻し，それを契機にジュネーヴから出奔しました。

　フランス領に入ったルソーは，カトリック教会の神父の紹介で，ワランス夫人という富裕な女性の保護を受けました。夫人はルソーより13歳年上で，夫人の保護もとでルソーは見聞を広め，多様な書籍で勉学を深めました。ルソーとワランス夫人とは，後に愛人関係になります。ルソーは，夫人に母親のような温かい愛情を感じました。夫人もルソーを心から可愛がりました。

　ワランス夫人の保護は10年間以上にもわたりました。しかし，夫人に新しい愛人ができ，ルソーは1740年，家庭教師の職を得て去りました。しかし，ルソーは，家庭教師には不向きでした。子どもがうまく理解できなかったりすると怒鳴るなどしたため，1年間でやめることになりました。ですが，雇い主が啓蒙主義哲学者のコンディヤック（Etienne B. Condillac；1715-80）の兄であり，知的に大きな刺激を受けることができました。

　ルソーは感受性の強い少年だったといわれます。幼少期の経験はルソーの人間形成に大きな影響を与えたのです。

　■思想家としてのデビュー

　ルソーは青雲の志を抱いてパリに出ます。最初は音楽家を目指しました。数字による新しい音階や音符の表記法を発表したり，歌劇を作ったりしました。そして，この時期，無名時代のコンディヤックなど，後に思想家として活躍する青年たちと知り合いました。また，デュパン夫人のサロンでヴォルテール（Voltaire；1691-1778）らを知りました。しかし，上流階級に対する違和感をもつようになりました。

　ルソーに転機が訪れたのは，1749年，37歳のときでした。ディジョンのアカデミーの懸賞論文に応募しました。「学問と芸術の進歩は，人間の風俗を堕落させたか，それとも純化させたか」というテーマでした。ルソーは，このテーマに対し「堕落させた」という論を展開しました。啓蒙主義の中で，多くの

人々は「醇化させた」という論を予想していました。その中で，ルソーの『学問芸術論』(1750年）で展開した逆説的な論理は，人々から新鮮な発想として注目されました。

　ルソーは，一躍，「時の人」となりました。その後『人間不平等起源論』(1755年），「政治経済」(『百科全書』に執筆，1755年）がまとめられます。ルソーの野心は満たされたかにみえました。しかし，ルソーの主張は極端で，しかも逆説的でした。そのため，ルソーには多くの反論や疑問が寄せられました。ルソーはそれらを手応えとしてではなく，無理解や悪意ある曲解として感じたようです。相手と議論を深めるのではなく，喧嘩別れをしてしまうようでした。ルソーはしだいに孤立していきました。

　ルソーは，1756年から，パリ郊外で隠棲しました。そこで『新エロイーズ』(1761年），『社会契約論』『エミール』(1762年）が執筆されました。しかし『社会契約論』と『エミール』は，発行直後にカトリック教会による無神論との訴えから，政府によって発行禁止となりました。しかも，パリ高等法院は，ルソー逮捕の判決を下しました。ルソーはスイスへと逃亡し，プロイセン，イギリスへと放浪の旅を余儀なくされました。

　ルソーの上昇志向は，『学問芸術論』の中で，自分のコンプレックスの裏返しとして表現されたのかもしれません。しかし，ルソーの上昇志向は「時の人」となることによっては満たされなかったのです。

　■孤独な魂の放浪

　その後，政府の黙認のままフランスに戻り，1770年からはパリでひっそりと暮らします。そして，『告白』(1770年），『孤独な散歩者の夢想』(1782年・死後出版）を著します。『告白』では自らの人生や精神遍歴が，赤裸々に語られています。そこでは，懸賞論文の当選によって有名になり，かえって友人を失ったり争いに巻き込まれたりしたと語られています。そして，その受賞は，自分にとって不幸の始まりだったと述べられています。『孤独な散歩者の夢想』では被害妄想的な内容が語られています。ルソーの晩年の，孤独で自負心や自己顕示欲の強い精神状態を窺い知ることができます。

　ルソーは，1778年にパリ郊外で波乱の生涯を閉じました。

（2）逆説の啓蒙思想

■18世紀フランスにおける啓蒙主義思想

　フランス革命を導いた啓蒙主義では，人間の理性に全面的な信頼が置かれていました。理性とは，正しく考える能力です。すべての人間が所有していると想定されています。理性は，カトリック教会による知の独占に対抗する論拠なのです。人間は自らの理性によって真理を獲得できると主張されました。そして，啓蒙主義では，社会の在り方についても理性に基づいて考えることが主張されました。理性によって正しい知識を獲得し，社会の不合理な迷信を排除して，合理的な社会を実現することが目指されました。正しい知識に基づいて合理的な社会を実現していくことが歴史の進歩だと考えられたのです。

　フランス革命前のアンシャンレジウムの時代，不合理なものは絶対王政に権威的論拠を与えていた王権神授説でした。王権神授説は，国王の統治権は神から与えられたものだとする説です。王権の不可侵性を主張します。しかもその説をカトリック教会が認め，それにより国王は教会に免税などの特権を与えていた。カトリック教徒の多いフランスで国王と教会とがそのように手を組むことにより，国民は精神的にも絶対王政に組み込まれていたのです。

　啓蒙主義は，社会契約説を楯にして，王権神授説に基づく絶対王政に対抗する思想でした。また，絶対王政に権威的基盤を与えていたカトリック教会の精神的呪縛から人々を解放するという運動でもありました。

■自然に帰れ！

　啓蒙主義では，正しい知識が増大すると，合理的な社会へと進歩すると考えられていました。この点からいえば，学問や芸術は人間の理性に基づく活動であり，人間の社会を進歩させる役割を果たします。

　しかし，ルソーはそうは考えなかったのです。ルソーは，人間が文化として生み出したものは，人間を堕落・悪化させたと主張しました。人間によって文化が生み出され，社会が文明化されると，さまざまなモノが作られてモノが溢れるようになります。そうなると人々の間は，持てる者と持てない者とに分かれます。そして，持てない者は持てる者を妬み，持てる者は持てない者を蔑むようになります。さらには，持てる者が持てない者を不当に支配するなどの悪

が発生します。人々の間に不信・対立・闘争が展開されるのです。

　まさにフランス革命前夜の社会は、そのような悪が渦巻く状態でした。ルソーは、人々はモノの所有に捕らわれており、人が作り出したモノが、人の間の悪の原因となっていると考えたのです。そのような観点から、ルソーは人為を一切取り払った状態に立ち返ることを主張しました。ルソーにとって自然状態とは、人間が文化を生み出す以前の状態のことです。ルソーは、人為的なものを一切取り払うと、どのような人間の姿がみられるのかを想像したのです。

　　われわれの学問と芸術とが完成に近づくにつれて、われわれの魂は腐敗したのです。……学問芸術の光が地平にのぼるにつれて、徳が逃げてゆくのがみられます。
　　　　　　　　　　　　　　　　　　　　　　　　　　　　　　　（『学問芸術論』）[*1]
　　人間は自由なものとして生まれた、しかもいたるところで鎖につながれている。
　　　　　　　　　　　　　　　　　　　　　　　　　　　　　　　（『社会契約論』）[*2]

■理想としての自然
　ルソーは、自然状態では、人々は相互に対する素朴な友愛感情に基づいて生活していると考えました。自分の必要以上のモノを欲することなく、お互いに対する妬みや優越感などなく生活していました。自然状態では人々の所有欲を刺激するようなモノは存在しません。だから人々は必要以上のモノを欲しいとは感じなかったのです。そのように人々は自分自身に満足して生きていたのです。ルソーは、不幸とはモノがないことではなく、必要以上のモノを欲しいと感じることであり、そのように自分自身に満足できないことだと述べています。

　このようにルソーは人為を人々の不幸や悪徳の源泉と見なしました。そして、それと対比する形式で、自然を理想的な状態として想定しました。もちろんルソーのいう自然状態は思考実験的に想定された空想です。しかし、なぜ、どのように社会に不幸や悪徳が発生したのかについて考えるうえで、きわめて刺激的な見方を提起しました。文明や文化の意味を考え直す契機を与えました。

　しかし、ルソーの考え方には、きわめて重要な近代的な人間観が含まれてい

───────
＊1　ルソー，前川貞次郎（訳）『学問芸術論』岩波書店，2013年，19頁。
＊2　ルソー，桑原武夫・前川貞次郎（訳）『社会契約論』岩波書店，2005年，15頁。

ます。自然とは，神によって作られたそのままの状態です。したがって，自然状態において人々が友愛にあふれて正しく生活しているとするならば，カトリック教会という文明によって作り出された制度の必要性はなくなります。人間は教会の命令に従わなくても，すでに自然状態において生まれながらに正しく生きるように創られているのです。自然状態に立ち返って生きるのであれば，人間は自ら正しく生きることができるのです。

　この点でルソーは文明や文化を単に否定したのではありません。人間には本来的に正しく生きる能力が備わっていると主張したのです。ただしそれが文明や文化という人為によって曇らされてしまっているのです。

　　自然の状態の近くにとどまっていればいるほど，人間の能力と欲望の差はちぢまり，したがって幸福から離れることが少なくなる。　　　　　　　　　　（『エミール』[*3]）

（3）自然の法則に従っての教育
■自然の意味

　自然（nature）とは，本来的に，生まれながらに所有しているものという意味です。後から人為的に付け加えられたものと対比的な意味です。ルソーは，人間には生まれながらに正しく生きる能力が備わっていると考えました。

　では，どうすれば正しく生きることができるのでしょうか。文明や文化を廃棄して原始に戻ることは現実的ではありません。そこでルソーは，人間の教育の在り方について考えました。自然状態のように生きることのできる人間を育てるための方法です。つまり，人間が本来的に所有している正しく生きる能力がどのような過程を辿って発達・開花するのか，また，その発達・開花のためにどのような方法で教育しなければならないか，について考えました。

　　万物をつくる者の手をはなれる時すべてはよいものであるが，人間の手にうつるとすべては悪くなる。　　　　　　　　　　　　　　　　　　（『エミール』[*4]）

　＊3　ルソー，今野一雄（訳）『エミール（上）』岩波書店，1980年，105頁。
　＊4　同書，23頁。

■発達・開化の過程とそれへの対応

ルソーはその発達・開花の過程は，次のような自然の法則に従うと論じています。

第1期は，誕生から話し始める頃（2歳くらい）までの時期です。

この時期の子どもは親に依存しています。ルソーは，親は子どもの援助要求が自然の要求か，気紛れな要求かを見極めて，前者に応じなさいと述べています。自然の欲求が満たされて，心身の健康な成長の基盤が形成されるのです。

第2期は，12歳か13歳頃までの時期です。

ルソーが特に消極教育として重視している時期です。ルソーは，この時期には，知識を教えたり，頭で考えさせたりせず，身体の五感官を通じて感じ取らせなさいと述べています。頭で考える能力ではなく，身体で感じ取る能力を育成する時期なのです。正しく考えるためには，正しい情報に基づくことが必要です。そのためには身体の感覚器官が正しく働くことが必要だからです。身体と感覚器官の健全な発達が，正しく考える能力（理性）の機能する基盤を形成するのです。だから知識を教えることを急いではいけないのです。むしろ消極的でなければならないのです。

> わたしたちのうちに最初に形づくられ，完成される能力は感官である。……感官を訓練することはただそれをもちいることではない。感官を通して正しく判断することを学ぶことであり，いわば感じることを学ぶことだ。わたしたちは学んだようにしか触れることも見ることも聞くこともできないからである。　　（『エミール』）[*5]

第3期は，15歳頃までの時期です。

ルソーは，この時期になって知識を学び，判断することの教育が開始されると述べています。判断することは社会生活を営むうえで不可欠です。ルソーは，単なる自然状態への回帰ではなく，人間が本来もっている善性を社会に復活させることを主張しました。そのためには，正しい情報に基づいて正しく判断できる能力を育てることが重要なのです。だから，事物との直接的な接触から得られた知識に基づいて，すなわち自分の感覚器官を通じて得られた確かな情報

＊5　前掲『エミール（上）』，218頁。

に基づいて判断させる教育が重要なのです。このように理性を感覚に基礎づけることを主張したのです。

　第4期は，20歳頃までの時期です。

　この時期は青年期です。判断と情念とが疾風怒濤のように闘い，やがて道徳的精神的な存在へと成長します。そして，社会の中に男として，女として，「第二の誕生」を遂げます。このようにして教育が完成されるのです。

　■消極教育

　ルソーは，人間には正しく生きる能力も，またそのような能力が自動的に発達・開花していく力も，生まれながらに備わっていると考えました。重要なことは，その発達・開花の過程が阻害されないように守ることなのです。このような理由で，ルソーは，子どもたちに抽象的な知識を教える教育，また，そのような知識に基づいて判断をさせる教育を否定しました。自然の法則から外れた作為的な教育だからです。そのような教育を通じて，子どもたちの中に誤った観念や悪徳が入り込んでしまうのです。それによりさまざまな社会的害悪が発生し，人々の間に不信・対立・闘争が展開される社会となるのです。

　人間が本来的に有している善性を社会に復活させるには，子どもを自然の法則に従って，その発達・開花が作為によって阻害されないように守ることを第一としなければならないのです。このような意味でルソーの自然の法則に従う教育論は消極教育論といわれます。しかし，このことに，教会の教えに従わなくても，人間には生まれながらに正しい人間へ成長する力が備わっているのだという，ルソーの教育論の近代性が示されています。それゆえに『エミール』は教会によって訴えられ，政府によって発禁処分とされたのです。

　　人生のそれぞれの時期，それぞれの状態にはそれ相応の完成というものがあり，それに固有の成熟というものがある。　　　　　　　　　　　　　　　　（『エミール』）[*6]

　＊6　前掲『エミール（上）』，271頁。

（4）評　価

■子どもの発見者

　ルソーは「近代教育の父」，また「子どもの発見者」と呼ばれています。ルソーの功績は，子ども時代には，その固有の世界があり，その世界における固有の必要が満たされることにより，大人になってからの豊かな人生が保証されると論じたことです。子どもは大人よりも身体的に小さく，体力的に弱いだけの存在ではありません。人間の成長の過程のそれぞれの時期には固有の論理と必要があり，人間として健全に成長を遂げるには，それに配慮されなければなりません。

　つまり，大人の観点や都合から，子どもを「小さな大人」にすることが教育ではないのです。能力の発達・開化の法則を明らかにして，それに基づいて子どもへの働きかけ方を考えることが教育です。

> 人は子どもというものを知らない。……かれらは子どものうちに大人をもとめ，大人になるまえに子どもがどういうものであるかを考えない。　　　　（『エミール』）[*7]

■矛盾の人

　ルソーの教育書『エミール』は，現代に至るまで多くの教育者たちに影響を与えました。教育についての考え方の基本が語られています。しかし『エミール』は，ルソーの教育者としての実践や子どもについての詳細な観察などに基づいて著された書ではありません。ルソーには，短期間の家庭教師の経験はありますが，性格的に家庭教師には向いていなかったようです。

　また，ルソーは，パリに出てきて以来，下宿で働いていたテレーズという女性と事実婚状態になり，5人の子どもを産ませました。しかし，子どもたちを次々と孤児院に送りました。ルソーは，父親となることを拒否し続けたのです。ただし，テレーズとは，放浪時代にも，ルソーが死ぬまで生活を共にしました。

　ルソーは，人々の友愛に溢れた社会を願いながらも，自分に好意を向けてくれる友人たちにも激しい非難を浴びせます。『告白』では自らが露出狂であっ

[*7]　前掲『エミール（上）』，18頁。

たことが語られ、『孤独な散歩者の夢想』には晩年における被害妄想的な精神状態がみられます。

■憧憬としての自然

しかし、ルソーの孤独な成育歴、そして、きわめて感受性豊かで頭脳明晰であったこと、また強い上昇志向をもっていたことなどを考えると、ルソーという一人の人間の心の寂しさや苦しさが感じられてきます。

ルソーの屈折した上昇志向は、当時の上流階級にはびこる贅沢や虚栄に対する憎しみへと転化されました。一方、他者の心の温かさに対する渇望は、人々が素朴な友愛に基づいて、質素な中にも自分自身に満足して生きる生活への憧れを生み出しました。ルソーにとって「自然」とは、そのように生きたいと願う心が描き出した憧憬だったのでしょう。ルソーの生涯は、そのように願いながらも、願ったようには生きることのできない自分についての苦しみだったのでしょう。ルソーは『エミール』を書くことにより、エミールという少年の成長を通じて、自分自身の理想的な育ち直しを試みたのかもしれません。

❖ 読書案内

ルソーの著作の翻訳は多く出版されている。『エミール（上）（中）（下）』『学問芸術論』『社会契約論』『孤独な散歩者の夢想』『人間不平等起源論』が岩波文庫より、『人間不平等起源論付「戦争法原理」』が講談社学術文庫より刊行されている。

梅根悟『エミール入門』明治図書出版、1971年
押村襄ほか『ルソーとその時代』玉川大学出版部、1987年
西研『ルソー「エミール」』NHK出版、2016年
福田歓一『ルソー』岩波書店、2012年
松島鈞（編）『現代に生きる教育思想3 フランス』ぎょうせい、1981年

第3章　啓蒙主義と教育論

3　自律的意志の主体の陶冶
―― カント ――

> **Question**
> ①カントの哲学は，認識に関する「コペルニクス的転回」をもたらしたといわれている。どのような点でそのようにいわれているのか。
> ②カントは，人間をどのような存在と考えたのか。それはどのような点で啓蒙主義を徹底したということができるのか。
> ③カントの立場からみて，フリードリヒ大王の教育政策には，どのような問題点があったのか。

（1）几帳面で真摯な生活

▆敬虔（けいけん）主義者としての生き方と哲学

カントは1724年，プロイセンのケーニヒスベルクで生まれ，生涯，ケーニヒスベルク周辺で生活しました。ケーニヒスベルク（現在はポーランド東隣のロシア飛地領）はバルト海交易の拠点港で，外国からも多くの情報が入ってきました。カントは，敬虔主義の信仰の中で育ちました。[*1] ケーニヒスベルク大学で学んだ後，カントは大学の私講師（給与はなく，講義に出席した学生から聴講料を得る）になり，46歳のときに正教授になります。

イマヌエル・カント（Immanuel Kant；1724-1804）
　1724年　ケーニヒスベルクに生まれる。
　1770年　ケーニヒスベルク大学教授。
　　　81年　『純粋理性批判』
　　　88年　『実践理性批判』
　　　90年　『判断力批判』
　　　97年　『人間学』
　1803年　『教育学』
　1804年　死去。

＊1　プロテスタントの一派。内面性を重視し，聖書に従い禁欲的・勤勉な生活を求めた。

カントは、『純粋理性批判』(1781年)で、近代西洋哲学における合理論と経験論を統一する哲学を打ち立てます。『実践理性批判』(1788年)では人間の道徳的実践力について、『判断力批判』(1790年)では人間の美的判断力について論じました。カントの三批判書と呼ばれています。これらの書でカントは、人間の可能性について考察(批判)しました。人間は、①どのようにして真理を知ることが可能なのか、②どのようにして善く生きることが可能なのか、③どのようにして美をわかることが可能なのか、という問いに挑んだのです。

　カントの生活は几帳面で厳格でした。生涯独身で学究生活を続けました。ケーニヒスベルクの街の人々は、カントが日課で散歩する姿をみて、時刻を知ったといわれています。ただし、一度だけ、散歩に出る時刻が遅れました。ルソーの『エミール』を読んでいたためだったと伝えられています。カントは、ルソーから人間を尊敬することを教えられたと述べています。

(2) 啓蒙主義に徹した思想
■哲学におけるコペルニクス的転回

　カントの哲学はコペルニクス的転回に喩えられています。近代西洋哲学には二つの流派がありました。真理を知る方法として、デカルト以来の理性を行使して論理的に考えることを重視する大陸の合理論と、ロック以来の公正に観察して情報を歪めずに精神に伝えることを重視するイギリスの経験論です。

　真理は理性と経験のどちらによって知られるのでしょうか。観察が正しくなされても、考えることがなければ感覚与件の混乱があるにすぎません。逆に、正しく考えることができても、正しく観察していなければ考えるための材料は得られません。

　カントは、知ることは観察から始まると考えました。ただし、人間には生まれながらに、観察によって得られた情報を整理して統合するための枠組み(先験的統覚)が備わっていると論じました。人間は、観察から得られた情報を、この生まれながらに備わっている枠組みに従って整理して、世界について秩序ある形式で理解しているのです。その枠組みは、空間的な前後左右上下関係、時間的な前後連続関係などです。

そうなると世界に形式や秩序を与えているのは人間になります。カントは世界そのもの（物自体）がどうなっているのかはわからないと述べています。つまり，世界に秩序があるのではなく，世界の秩序は人間の生まれながらに所有している枠組みによって与えられているのです。ここにカントの哲学がコペルニクス的転回といわれる理由があります。

■自律的人格としての倫理性

啓蒙主義では，人間と他の存在とは厳格に区別されます。カントもその区別を徹底します。カントによれば，人間以外の自然界の物体や動物は因果法則に拘束されています。たとえば，物体は空中で支えを失えば落下の法則に従います。それから逃れることはできません。一方，人間は，因果法則から自由です。人間は，自分の意志で自分の行動を決定できます。人間は，自律的な意志の主体（人格）なのです。

そのことに基づいて，カントは，人間に厳しい要求を突きつけました。カントの道徳論の特徴は「厳粛主義」とも呼ばれています。カントによれば，因果法則から自由な自律的な行動とは，損得を顧みずに自分の意志で善なる行動を選択できることです。人間は，欲望や安楽への誘惑を断ち切り，たとえ損や苦難が伴っても，自らの意志に従って善の実現のために行動することが可能なのです。つまり，カントにとって，人間の自由とは，因果律や外在的な目的に拘束されることなく，自分の意志で道徳的行動ができることという意味なのです。カントは，そのような意志の自律性に人間の尊厳があると考えたのです。

したがって，人間は，善であるという理由だけで，善なる行動をしなければなりません。他者に褒められたい，見返りとして利益を得たいなどの理由で，つまり，他の目的のための手段として善なる行動を行ってはならないのです。それでは「目的―手段」という因果法則に従うことになり，自分の自律的な意志に基づく行動ではないからです。手段として善なる行動をすることは，自分の人格の自律性を踏みにじること，つまり，自らの自由を放棄することなのです。また，それは自分自身の人格を目的のための手段として使用することであり，自分の尊厳を貶めることなのです。

他者に対しても同様です。自律的な意志の主体である他者の人格も，目的そ

のものとして扱わなければならないのです。カントは,「目的の王国」の住人として,自らの意志で善に服従する人格として生きることを主張しました。

> 君の意志の格律が,いつでも同時に普遍的立法の原理として妥当するように行動せよ。
> (『実践理性批判』[*2])

■人間による人間の教育

カントの教育論は,ルソーからの影響を受けています。カントは,すべての人間の内在的な可能性として,自律的な意志の主体(人格)になり得ることを主張します。しかし,ルソーとは異なり,人間の可能性を実現するためには,人間による働きかけが不可欠だと考えました。自然に生成されるとは考えていません。しかも,人間による意図的な働きかけがなければ,自律性という可能性は実現されないのです。ただし,カントは,ロックのように子どもを蜜蝋のような存在とは見なしていません。したがって,どのようにでも形成可能だとは考えていません。子どもは生まれながらに自律的な意志の主体となる可能性は有しています。しかし,それは働きかけを受けて陶冶されなければ具現されないのです。

また,カントは,自律的な意志の主体は,そのような自律的な意志の主体である年長者による教育を通じて陶冶されると述べています。人間の尊厳である意志の自律性について,自らの行動において実現している人間によってのみ,そのような教育は可能だと考えました。先に述べたように,カントは,自律的な意志の主体として,自他の人格を目的そのものとして扱わなければならないと述べました。この点で教育は,自他の人格を目的そのものとして対することのできる人間によって行われなければならないのです。人格を育てる教育は,人格の陶冶を目的そのものとする「目的の王国」における活動でなければなりません。このため,カントは,教育を行う人間に,自律的な意志の主体であることを求めたのです。そのような人格によってのみ教育を目的そのものとして行うことができるのです。

---

*2 カント,波多野精一ほか(訳)『実践理性批判』岩波書店,2013年,73頁。

人間は教育されなければならぬ唯一の被造物である。　　　　　（『教育学』）[*3]

人間は教育によってはじめて人間となることができる。……人間はただ人間によってのみ、しかも己も同様に教育されたものであるところの人間によってのみ、教育されるということである。　　　　　　　　　　　　　　　　　　（『教育学』）[*4]

人間は果たして生まれながらにして道徳的に善であるか悪であるか。実はその何れでもない。というのは人間は決して生まれながらにして道徳的存在であるのではないからである。人間はその理性が義務と法則との概念にまで高まるときにはじめて道徳的存在となるのである。　　　　　　　　　　　　　　　　（『教育学』）[*5]

（3）評　価

■人間中心の認識と道徳の確立

カントは、自然界の秩序そのものも、人間が生まれもっている理解のための枠組みによって付与されていると論じました。また、人間が正しく行動することも、人間が生まれもっている自律的な意志によって、すなわち、人間の側の自由な能力によって可能となるのだと論じました。このように自然的世界、道徳的世界における人間の中心性とその可能性について論じました。

■政治権力に対する沈黙

カントの時代、プロイセンでは啓蒙専制君主と呼ばれたフリードリヒ大王（在位1740～1786年）による「上からの近代化」政策が進められました。大王はその一環として国民教育に力を注ぎました。しかし、その教育は国の近代化のための手段として行われました。子どもの人格の陶冶そのものを目的とするのではなく、国の富国強兵に役立つ臣民の育成が目的でした。

フリードリヒ大王の教育政策は、「目的の王国」とは相反します。しかし、カントは、それに対して抗議せずに臣民としての分限を守り、沈黙を選択しました。カントは、「人の言うことは真理でなければならないが、真理のすべてを言う義務はない」と述べたといわれています。

＊3　カント、清水清（訳）『世界教育宝典全集17　人間学　教育学』玉川大学出版部、1977年、331頁。
＊4　同書、335頁。
＊5　同書、410頁。

ここには，二つの障害がある，すなわち――（一）両親は普通，その子供たちの立身出世することにのみ心を使っていること，（二）王侯は下民をただ己の意図を遂げる道具のごとくに見ていること，これである。　　　　　　　　　　（『教育学』[*6]）

❖ 読書案内

カントの著作は多数出版されている。『人間学　教育学』は世界教育宝典のシリーズとして玉川大学出版部より刊行されている。

岩崎武雄『カント』頸草書房，1996年

竹市明宏ほか（編）『カント哲学の現在』世界思想社，1993年

[*6] 前掲『世界教育宝典全集17　人間学　教育学』，341頁。

［第4章］
近代教育学の成立とその論理
―すべての子どもに対する教育方法―

Introduction

① 「近代西洋」の人間観は，近代教育学の中にどのように継承されて発展したのか。
② 開発されたそれぞれの教育方法は，どのような近代的な考え方を原理としていたか。

＊　＊　＊

　「近代西洋」は，1800年代になると，市民革命と産業革命を通じて，しだいにその理想を社会に実現していきます。そして，新しく出現した市民社会や産業社会，すなわち，「近代西洋」の社会に適応できる，新しいタイプの人間を大量に教育することが必要になりました。「近代西洋」の社会を生きるうえで必要とされる知的能力と道徳性を，すべての子どもに共通に備えさせる必要性が意識されるようになりました。そこから学校において，すべての子どもを対象とした教育と，そのための方法を確立することが課題となりました。すべての子どもの教育可能性を論証する教育理論と，すべての子どもを対象とした授業における実践的な教育方法の確立が目指されました。

　啓蒙主義時代に教育について論じたロック，ルソー，カントは，学校の教師を経験したことはありません。つまり，教育実践に携わった経歴はありません。また，ロックやルソーの教育書は家庭教育の在り方を述べたもので，学校教育ついての書ではありません。彼らの教育論は，社会や人間の在り方に関するそれぞれの思想から演繹的に導き出されたものです。前章で述べたように，啓蒙主義の思潮の中で，カトリック教会の教えに従わなくても，人間が合理的・自律的な近代的個人として教育可能であることを論証する理論でした。それらの理論は，具体的な教育実践に基づいて構築されたものでなく，また，実践的な方法を意識して書かれたものでもありません。

　それに対して，ペスタロッチやフレーベルは，ルソーの『エミール』に学びつつ，自ら学校を設立して自らの教育思想に基づいた教育実践に取り

組み，そこから教育実践のための方法の確立を試みました。また，ペスタロッチやフレーベルの教育論は自由化を求める政治的運動の中で，そのための国民教育論として展開されました。しかも，ペスタロッチやフレーベルは，具体的な教育実践の中で出会った具体的な子どもたち——特に，ペスタロッチは，貧困家庭の子どもや孤児，障がいをもった子ども——への教育実践を通じて，すべての子どもの教育可能性を主張しました。

さらに，ヘルバルトは，諸科学が分化的に発展する中で，教育実践のための方法が，教育科学として備えるべき条件について考察しました。学校教育における授業を実践するための方法を，単なる技術としてではなく，科学的な理論に裏打ちされた固有の知的方法として確立することを目指しました。この点で，教育についての研究が向けられていた先は，学校の教室において授業を受ける具体的な子どもたちであり，また，教師の知的専門性の確立を目指すことにあったのです。

整理すると，次の点に関して理論的に究明することが課題となりました。
①貧富にかかわりなく，すべての子どもの成長・発達の可能性について説明すること。
②子どもたちがどのようにして正しい知識を習得し，道徳的な能力を発達させるのかについての論理を明らかにすること。
③その論理に基づいて，子どもたちに知識を習得させ，道徳的な態度を発達させるための教授行為を構成する方法を確立すること。

このようにして，学校教育において，すべての子どもに，正しい知識を習得させ，道徳的な能力を発達させるための教育の実践的な方法の研究が進められたのです。そして近代教育学が一つの学問領域として，すなわち科学として成立していきました。

1 八転び七起きの苦闘の生涯
――ペスタロッチ――

> **Question**
> ①ペスタロッチが「教聖」と呼ばれるのは，どのような理由からか。墓碑を手掛かりにして，ペスタロッチの生涯について考えよう。
> ②ペスタロッチは，生涯にわたって，どのような問題に，どのように取り組んだのか。

（1）八転び七起きの人生

■墓　碑

次頁のペスタロッチの墓碑は，ペスタロッチの生涯を端的に表現したものとして有名です。

■母と祖父からの影響

ペスタロッチは，1746年チューリッヒに生まれました。父は外科医でしたが，

ハインリッヒ・ペスタロッチ（Johann H. Pestalozzi；1746-1827）
- 1746年　チューリッヒに生まれる。
　　　　コレギウム・カロリヌムに学ぶ。愛国者団で社会改革運動。
- 1768年　農場経営を開始。翌年にアンナと結婚。
- 1774年　ノイホーフでの教育実践。
- 1780年　著作活動に専念。
　　　　『隠者の夕暮れ』
　　　　81-87年『リーンハルトとゲルトルート』
- 1798年　シュタンツで戦災孤児の救済活動。
　　　　99年『シュタンツだより』
- 1800年　ブルクドルフに学校を開設。
　　　　01年『ゲルトルート児童教育法』
　　　　04年　学校がミュンヒェンブッフゼー，イヴェルドンに移転。
- 1825年　学校閉鎖。
　　　　『白鳥の歌』
- 1827年　死去。

> ハインリッヒ・ペスタロッチ，ここに眠る
> 1746年1月12日　チューリッヒに生まれる
> 1827年2月27日　ブルックに没す
> ノイホーフにおいては貧民の救済者
> リーンハルトとゲルトルートにおいては民衆への説教者
> シュタンツにおいては孤児の父
> ブルクドルフとミュンヒェンブッフゼーにおいては新しい学校の創設者
> イヴェルドンにおいては人類の救済者
> 人間，キリスト者，市民
> おのれを捨ててすべてを他の人のために為す！
> 彼の名に祝福あれ！

　ペスタロッチが5歳のときに死去しました。母スザンナと兄と妹が残されました。経済的にも苦しい状況でしたが，母は子どもたちを愛情深く温かく育てたと伝えられています。一家は裕福ではなかったものの，ペスタロッチは，自伝の中で母親と家事手伝いの婦人から受けた温かい愛情に感謝を述べています。このことはペスタロッチの人間形成に大きな影響を与えました。ただし，ペスタロッチは，学校では落ち着きがなく，問題児とみられていたという説もあります。人生の経歴をみても，正しいと思ったことに「突っ走る」傾向があります。しかし，挫折の繰り返しに負けなかった生涯は，ペスタロッチを温かく受け入れていた母親の愛情が支えとなったのでしょう。

　ペスタロッチの人間形成には，牧師であった祖父も大きな影響を与えました。祖父は教区の貧困家庭を頻繁に訪問し，生活上での悩み相談などを受けていました。ペスタロッチもしばしば祖父に同行していました。貧しい人々の生活に寄り添い生活の改善を支援することは，ペスタロッチの生涯を貫いた姿勢です。教区の家庭訪問をする祖父への同行によって，ペスタロッチの生涯の活動を方向づける問題意識と姿勢が形成されたといえるでしょう。

■社会改革運動への没入

ペスタロッチは，スイスの最高学府コレギウム・カロリヌムで学びます。当初は牧師を目指していました。しかし，スイス史と政治学を教えていたボードマー（Jakob Bodmer；1698-1783）と出会い，愛国者団という学生サークルに属し，社会改革運動に加わります。ボードマーの思想は多くの若者に影響を与えていました。

当時のチューリッヒは，共和政の都市でしたが，政治の実権は少数の名門富裕家に握られ，他方，農村は都市に住む大地主に支配されていました。旧来の不合理な制度のもとにありました。啓蒙思想が，スイスの若者たちの心を惹きつけたのです。ペスタロッチもそのような一人でした。

ペスタロッチは重農主義の経済思想に傾倒します。重農主義は，土地を富の唯一の源泉であると考え，農業を生産的な活動として重視する立場です。都市における交易を富の源泉と考える重商主義に対抗する立場でした。ペスタロッチは，さらに農村における農民の生活の改革，すなわち都市富裕者による農村経済への支配や不合理な因習による拘束からの解放を目指す運動に参加しました。

しかし，社会改革運動への参加により，ペスタロッチは政府から危険人物としてマークされます。そして，愛国者団の事件に連座して退学となり，牧師や官僚などになる途は閉ざされてしまいました。

ペスタロッチは行動の人です。自分の思想に従って農村に生きることを決意し，農業研修を受けました。そして，その後1768年にチューリッヒの近郊のブルックに土地を購入して自らの農場を開きました。アンナと結婚したのもこの頃です。7歳年上のアンナは，生涯，ペスタロッチを支えました。

■農場経営の失敗と教育実践

ペスタロッチは農場にノイホーフと名づけました。しかし，農場の経営は数年のうちに悪化し破綻状態になりました。ペスタロッチを知る人たちは，ペスタロッチには経営的な感覚や能力が不足していたと指摘しています。

そのような中で，ペスタロッチの目に入ったのは，農村の貧民の子どもたちでした。ペスタロッチは極貧状態にある子どもたちを自宅に収容し，共に農作

業や手工などを行いました。子どもたちに経済的自立に必要な技能を身につけさせるとともに、人間的な愛情や家庭的な温かさを経験させようとしました。

　この活動は、一つの教育実践へと発展し、ペスタロッチは多くの人々に学校の維持のための支援を訴えます。しかし、寄付金は思ったようには集まりません。しかも、ペスタロッチは無理解な親たちに悩まされました。一部の親たちは、子どもの農作業や手工で学校が得た収入を、賃金として支払うように要求しました。「モンスターペアレンツ」は、この時代からいたのです。

　1780年に学校は閉じられます。その後、ペスタロッチは、著作生活に入りました。そして、ノイホーフでの教育実践をまとめた『隠者の夕暮れ』（1780年）、農村における教育の在り方について論じた『リーンハルトとゲルトルート』（1781-1787年）を著します。ペスタロッチは、著作家として、思想家として有名になりました。

　▰転機の到来

　ペスタロッチが教育実践へと戻るのは50歳を過ぎた1798年のことです。スイスではフランス革命後、改革派と守旧派の対立が続きましたが、この年、改革派はヘルヴェチア共和国を成立させました。そして公教育制度の新設を目指しました。ペスタロッチはそれに関する構想を論文で提案しました。

　そのような中、ナポレオン軍がシュタンツを反革命の拠点として攻撃し、多くの戦災孤児が発生しました。ペスタロッチは文相のシュタッパーの要請を受け、孤児院の院長になりました。ペスタロッチは孤児のための教育実践を展開します。しかし、戦況の変化やペスタロッチに対する反対派の画策により、半年で孤児院は閉鎖されました。ここでの教育実践は『シュタンツだより』（1799年）で述べられています。

　再び教育実践に火が点されたペスタロッチは、自らの教育方法を小作人小学校や綴り方学校などで実験しました。そして、シュタッパーの助力もあり、ブルクドルフに学校を開設しました。学校は、その後、発展に伴ってミュンヒェンブッフゼーに、さらにはイヴェルドンに移転しました。

　ペスタロッチのもとには、次々と優秀な青年たちが教師として集まりました。学校はヘルヴェチア共和国の後ろ盾のもと、その教育実践は、スイス国内はも

とより，ヨーロッパ中から注目されました。その評判の高まりとともに，ヨーロッパ各地から生徒は集まり，視察者も多数訪れるようになりました。また，付設された師範学校には，ヨーロッパ各地から研修生が集まり，ペスタロッチ主義の学校は，スイス各地だけではなく，コペンハーゲンにも開設されました。ヘルヴェチア共和国は間もなく崩壊しますが，プロイセン政府は，継続的に教員の研修派遣をしました。[*1]

しかし，学校の発展とともに，さまざまな問題が発生しました。一つ目は，富裕層の子どもたちの学校になってしまったことです。学校がヨーロッパ中で評価されるほど，貧困家庭の子どもではなく，ヨーロッパ各地から富裕家庭の子どもが集まるようになったのです。二つ目は，学校運営をめぐる教師間の対立です。堅実な財政基盤のうえに学校運営を主張する教師たちと，ペスタロッチの理想に純粋に基づいた教育実践を主張する教師たちとの対立です。三つ目は，反ペスタロッチ派による執拗な非難と画策です。ペスタロッチは，実務的な仕事や人間関係の調整などには向いてなかったようです。妻アンナをはじめ，ペスタロッチを支えていた人々も死去したり，学校を去ったりして，ペスタロッチの孤独感は深まりました。1818年，ペスタロッチは一時期，貧民の子どものための学校を別に開設して，そこで自分の理想の教育実践をしようと試みました。

結局1825年，学校は解散されました。そしてペスタロッチは，『白鳥の歌』を著し，1827年に死去します。

（2）すべての子どもの教育可能性

■教育実践者としてのペスタロッチ

ペスタロッチは，著作家・思想家としても有名でした。しかし，教育実践への熱意とその実行が，ペスタロッチの生涯を貫いている特質であることは，多くの人が認めるところです。思想と実践との結びつき，すなわち，思想によっ

＊1　ペスタロッチの教育実践は，ドイツの国民教育のための学校のモデルとして高く評価され，プロイセン改革期に提案されたジュフェルン教育法案では，ペスタロッチ主義に基づく国民教育が構想されていた。

て実践を導き，実践を通じて思想を形成しようとしたのです。ペスタロッチは思索の人でもありますが，それ以上に，行動の人という側面が現代にいたるまで多くの人々に強い感銘を与えています。そこに，ペスタロッチが「民衆教育の父」，あるいは「教聖」とまで呼ばれる所以があります。

■悲惨な境遇にある子どもたちへのまなざし

また，ペスタロッチの教育対象とした子どもたちは，農村の貧困家庭の子どもたち，戦争によって親を失った孤児たち，さらには障がいをもった子どもたちなど，悲惨な運命の中で極貧状態の生活をしている子どもたちでした。親たちも社会的な支配・拘束，因習・無知の中で貧困に苦しんでいます。親子ともに心のすさんだ状態で生きているのです。そのような子どもたちに対して，ロックは，厳しい罰則を伴う方法で訓練して，勤勉で従順な性格を形成することを主張しました。ルソーは目を背けていたのかもしれません。カントは，人間固有の尊厳として，そのような子どもにも自律的な意志による克己を求めたことでしょう。

ペスタロッチは，ロック，ルソー，カントが十分に配慮しなかった子どもたちに関して，その教育可能性と教育の必要性を主張しました。どのような子どもにも，教育によって人間性が開花すること，また，社会を悲惨さから救うためには，それらの子どもたちに対する教育が必要であることを主張したのです。

　玉座の上にあっても木の葉の屋根の蔭に住まつても同じ人間。（『隠者の夕暮れ』[*2]）
　最も憐れな最も見離された子供にも神の与え給う人間性の諸力を私は信じている。
　　　　　　　　　　　　　　　　　　　　　　　　　　（『シュタンツだより』[*3]）

■学校における授業法の開発

ペスタロッチは，ヘルヴェチア共和国における国民教育のための学習指導法の確立を目指しました。学校という機関におけるすべての子どもを対象とした方法の開発を試みたのです。ペスタロッチの学校は，そのような国民教育の実

＊2　ペスタロッチー，長田新（訳）『隠者の夕暮れ・シュタンツだより』岩波書店，1979年，5頁。
＊3　同書，48頁。

験学校として出発しました。当時，民衆のための教育機関はありました。しかし，多くは教会に付設されたものであり，聖書の言葉などを暗唱させ，教会に従順な態度を形成する指導が行われていただけでした。

　ペスタロッチは，子どもの発達の論理や段階に即して，また，感覚的な印象に基づいて学習を指導することを提唱します。この点で，ペスタロッチの方法は，ルソーの教育論，特に自然の法則に依拠しています。しかし，ペスタロッチは，「自然の歩み」に放任するのではなく，子どもが「最短の道」を歩めるように導くことを主張します。そのために学習指導法，すなわちメトーデを開発したのです。そして，学校において，その方法に基づいて，すべての子どもが正しい知識を獲得するように，組織的に導くことを目指したのです。

　■メトーデ

　では，ペスタロッチはどのような学習指導法を提唱したのでしょうか。

　ペスタロッチは事物の名称を覚えさせることから始める教授を否定しました。まず事物そのものを直接に知覚させることから始めることを主張しました。ペスタロッチによれば，自然や事物についての「直観が人間の認識の唯一の基盤」なのです。そして人間は，「曖昧な直観」を「明晰な概念」へと構成していきます。このプロセスを「隙間なく系列化」すること，いわば前者を最短で合理的に後者へと構成する能力を育てることが学習指導なのです。

　したがって，ペスタロッチは子どもたちの身体を鍛え，感覚器官の健全な発達を促すことを重視しました。正しく自然や事物が「直観」されるためには，それを知覚する感覚器官が正しく機能しなければなりません。つまり，「直観」が不完全で，偏っており，未熟である場合には，その結果はいつも不明瞭で，不確実で，不真実なものとなるからです。そのうえでペスタロッチは，「直観」を構成する基本要素（「直観のABC」）を，「数・形・語」に分けました。ペスタロッチは，実物を目の前にして，それを数，形，語（音声言語）という観点から把握させることを，認識の基礎として重視しました。ペスタロッチによれば「すべての認識は，数，形，語から出発する」のです。世界に存在している事物について，「数・形・語」のあるものとして感知できるようにすることから，世界の真理についての認識へと高まっていくのです。

第4章　近代教育学の成立とその論理

　ペスタロッチのこのような学習指導法は，ヨーロッパ各地，さらにはアメリカへと広まりました。わが国には明治初期に学校教育の学習指導法として，アメリカ経由で伝えられて採用されました。

（3）貧困の根本的な解決の追求
■貧困の世代間連鎖を断ち切る

　ペスタロッチは，すべての子どもの教育可能性を主張し，そのための教育実践に取り組みました。そのようなペスタロッチの主張と実践で，特に今日的な意義を有する点は，教育によって貧困の世代間連鎖を断ち切ろうとした試みにあります。今日，経済的な格差が拡大する中，各種の調査から，貧困家庭の子どもほど教育に関して不利な状況に置かれていると指摘されています。貧困の世代間連鎖・再生産が生じていると論じられています。

　子どもには，将来の目標をもち，その実現に向けて努力を促す環境が必要だといわれます。心身ともに安定できる環境の中で，現実世界との活発な相互作用がなされ，自己有能感が形成されます。そのようにして経済的に自立できる人間へと成長していくのです。貧困によって親が精神的なゆとりを失うと，子どもに自立へと成長できる環境を提供することができなくなるのです。

　このような点で家庭環境は重要です。しかし，家庭環境を直接的に変えることは，学校の力では多くの場合は困難です。学校教育に可能なことは，学校において心身ともに安定できる環境を提供し，子どもたちに経済的に自立した生活を営むための能力を形成していくことです。そのようにして貧困が世代間で連鎖しないようにすることです。

　ペスタロッチの青年時代以来の生涯にわたる一筋の激しい奔流のような根本的な問題意識は，民衆が沈み込んでいってしまう「悲惨の源泉をせき止める」ことでした。ペスタロッチは貧困の根本的な解決という目標に向かって一途に全力で生きぬいたといえます。

■高質の福祉としての教育

　ペスタロッチの思想と実践の原点となるノイホーフでの教育実践に戻りましょう。その学校の教育は，次のような点で特徴的でした。

第一に，その学校では，言葉の暗唱ではなく労作が行われ，机と椅子ではなく糸車や機織り機，農作業機具，手工道具が置かれていました。つまり，聖書の言葉を暗記させるだけの当時の民衆学校とは異なり，農業や手工の実習が行われていたのです。

　第二に，その学校では，パンを与えるだけの救貧施設とは異なり，自ら働いてパンを手に入れる技能を育てることが目指されました。経済的な自立に必要な能力の育成が行われたのです。

　第三に，その学校は，単に仕事を与えるための授産施設とは異なり，家庭的な愛情を基盤としていました。子どもたちが，自ら働いて手に入れたパンを分かち合う喜びを実感できる人間関係の体験が重視されました。

　ペスタロッチは，子どもたちが経済的に自立した人間となるとともに，愛情にあふれる家庭生活を営むことができることを目指したのです。

　■家庭教育の重要性

　温かい家庭生活を安定的に営むためには，経済的な安定は基本的な条件です。そして，そのような家庭生活から，経済的に自立して同様の家庭生活を営むことのできる人間が再生産されるのです。そのようにして貧困の悲惨さの源泉，そして世代間の負の連鎖をせき止めることができるのです。

　ペスタロッチが理想としたのは，質素ではあるものの，勤勉で道徳的な家庭生活でした。温かい愛情あふれる家庭生活の中で，子どもは自らに愛情を注ぎ，自らが信頼する母親の示す価値観に自らを同化させようとします。そのようにして子どもの道徳性は自然の発達を遂げるのです。すなわち「生活が陶冶する」ことが，最も自然で最も効果的な教育なのです。

　この点でペスタロッチは，基本的には家族を単位とした父母による家庭教育を重視しました。家庭教育の重要性は現代でも繰り返し唱えられています。しかし，このことはすでに200年前にペスタロッチによって主張されていました。この時代，家庭でのそのような教育が重要だとは誰も考えてはいませんでした。それどころか，現代的な意味での家庭教育という観念そのものが存在していなかったのです。家族を単位とした父母による家庭教育という観念を初めて正面から提唱したのはペスタロッチだったのです。家庭教育が重要であるという考

えは，ペスタロッチから始まり200年間かけて現代の常識となったのです。

> 人類の家庭的関係は最初の且つまた最も優れた自然の関係である。
> （『隠者の夕暮れ』）[*4]

> 善と悪との大事な特徴に触れて語るがよい。これらの特徴を日々の家庭的な出来事や境遇とに結びつけ，それらが完全にそれらを基礎としているかどうか考えてみるがよい。
> （『シュタンツだより』）[*5]

（4）評　価
■教育学的評価

　ペスタロッチはすべての子どもの教育可能性を主張し，その実現のための教育実践に取り組みました。近代的な思想家であるとともに近代的な教育者でした。

　ペスタロッチは，ルソーの自然の法則に基づきながらも，それを促進するための働きかけを重視しました。その方法がメトーデでした。メトーデという普遍性のある学習指導法を開発することにより，どのような教師が，どのような子どもに対しても，世界についての認識能力を高める指導ができるようにすることを目指したのです。カトリック教会に従わなくても，人間が自らの力で，すべての子どもの認識能力を高めることを可能とする方法の開発に取り組んだのです。ここにペスタロッチの教育思想と教育実践の近代性があります。

　さらに，繰り返しになりますが，家庭教育の重要性を唱えたペスタロッチの教育思想には，貧困の世代間連鎖をその根源から断ち切ることを目指すという点で，現代的意義があります。教育とは，子どもたちが将来，経済的に自立し，温かい愛情にあふれる家庭生活を営むことができるようになることを目指して行われなければなりません。学校教育の在り方についても，そこから考えることが必要です。悲惨な境遇にある子どもたちには，信頼できる大人の保護のもと家庭的な愛情を感じることが必要です。そのような愛情ある基盤のうえに，勤勉に働く喜びや道徳的に正しく生きる誇りをもてるように導くことが必要で

＊4　前掲『隠者の夕暮れ・シュタンツだより』，19頁。
＊5　同書，68頁。

す。そのことを将来，家庭をもったときに再生産できるように育てることにより，貧困の源泉は断ち切られるのです。

ペスタロッチの思想と実践は，200年という時間を超えて，私たちに熱く訴えかけてきます。

■人生を支えたもの

ペスタロッチの人生は闘争と挫折の連続でした。牧師や官僚への道の中途断絶，ノイホーフでの農場経営の失敗と教育活動の挫折，シュタンツでの孤児院の閉鎖，ペスタロッチ学園に対する大きな評価と内部紛争・外部からの批判，そして学園の閉鎖。ペスタロッチは学園の閉鎖後の失意の中で，つまり転んだままで死去しました。

ペスタロッチは，周りをよくみずに，情熱だけで「突っ走る」タイプの人間だったかもしれません。また，実務的なものごとを段取りよく処理したり，人間関係を円滑に調整したりすることは，苦手だったようです。要領のよい人間であれば，このような闘争や挫折は避けることができたかもしれません。

しかし，苦難と挫折の連続の中でも，自らの理想を高く掲げ続け，不屈の意志で，世界を信じて闘い続けた人生そのものが，私たちに大きな勇気を与えます。ペスタロッチ自身は挫折の中で死去しましたが，その思想と志は後世の人々によって受け継がれて発展しました。すべての子どもの教育可能性や家庭教育の重要性などは，現代では当然のことと見なされています。ペスタロッチが論じてから200年かけて多数派の見解となったのです。ペスタロッチの先見は，しだいに多くの人々に賛同されて発展し，パイオニアとしての生き方は，後世の人々に勇気と希望を与えます。

ペスタロッチのこのような生き方を支えたのは，母親や妻からの愛情と献身でした。ペスタロッチの生涯は，母や妻の他にも，多くの女性たちに支えられました。愛情深い女性からみれば，ペスタロッチは少年のように純粋で素直な心と行動力をもった人間にみえたのでしょう。助けて支えてあげたくなるような人間だったのかもしれません。ペスタロッチは，周りの世界を邪心なく好意的に信じる性格であったようです。そのような性格は，経済的には苦しい中にあっても愛情深く子どもたちを育てた母親の養育態度による影響が大きかった

といえるでしょう。ルソー，ペスタロッチ，フレーベル，ヘルバルトについていえば，幼少期の母親との関係，あるいはその愛情の欠如や注がれ方が，後のそれぞれの教育思想の形成に多様な形で大きな影響を与えています。

❖ 読書案内

ペスタロッチの著作は，長田新（編）『ペスタロッチー全集』（平凡社，1959年）がある。また『隠者の夕暮れ　シュタンツだより』が岩波文庫より刊行されている。

長尾十三二・福田弘『ペスタロッチ』清水書院，1991年

松島鈞・白石晃一（編）『現代に生きる教育思想7』ぎょうせい，1982年

村井実『ペスタロッチとその時代』玉川大学出版部，1986年

2 幼稚園の創設者
―― フレーベル ――

― *Question* ―――――――――――――――――
①フレーベルの幼少期の家庭環境や自然環境は，後のフレーベルの教育思想の形成にどのような影響を与えたか。
②ドイツロマン主義は，フランス啓蒙主義と比較して，どのような思想的な特色があるか。また，それはフレーベルの教育思想にどのような特徴となって表現されているか。

（1）自分の活動の舞台を発見した生涯
■孤独な子ども時代

1782年，フレーベルは，ドイツ中部チューリンゲンの豊かな森が広がるオーベルヴァイスバッハに生まれました。父は牧師で，その第6子でしたが，母親

フリードリヒ・フレーベル（Friedrich W. A. Fröbel；1782-1852）
- 1782年　ドイツ中部のオーベルヴァイスバッハに生まれる。母親は難産のため出産翌年に死去。
- 1797年　林務官の弟子になる。
- 1799年　イエナ大学に入学。
- 1805年　ペスタロッチ主義の学校の教師になる。ホルツハウゼン家の家庭教師。
- 1808年　ペスタロッチの学校に子どもとともに滞在。
- 1811年　ゲッチンゲン大学，1812年ベルリン大学に学ぶ。
- 1816年　グリースハイムに「一般ドイツ教育舎」を開校。(翌年カイルハウに移転)
26年『人間の教育』
- 1831年　スイス・ヴァルテンゼーに教育舎を開設。
- 1837年　ブランケンブルクに「幼児期と青少年期の作業衝動を育成するための施設」を開設。(1840年に「一般ドイツ幼稚園」とする)
44年『母の歌と愛撫の歌』
(1851年　プロセイン政府，幼稚園禁止令)
- 1852年　死去。

は難産が原因で翌年に死去しました。父親は牧師の仕事に忙しく，気難しいところもあり，子どもたちと関わることが少なかったようです。またフレーベルは，父親の再婚相手ともうまくいかなかったようです。実母方の叔父の家に引き取られ，そこで家庭的な温かい雰囲気の中で養育されました。

フレーベルは子ども時代，しばしば一人で森に入り，自然の中で空想にふけっていたそうです。ドイツ内陸部の豊かな森は，ドイツ文化の母胎ともいわれています[*1]。人々は，森の中では一種の神秘的な秩序が支配していると考えていました。ここからフレーベルの神秘的な思想傾向が形成されたのでしょう。

1797年，フレーベルは林務官の弟子になり，独学で幾何学や植物学を学びました。1799年，イエナ大学に入学して鉱物学を学びます。当時のイエナ大学は，フィヒテ（Johann G. Fichte；1762-1814），シェリング（Friedrich W. J. Schelling；1775-1854），シラー（Johann C. F. Schiller；1759-1805）などが教えており，ドイツロマン主義思潮の中心校となっていました。フレーベルは，1801年，一時，帰郷しますが，父親の死後は職業を転々として放浪生活を送ります。

■教育者になる

1805年，フランクフルトで，友人の紹介でペスタロッチ主義の学校の校長と出会い，校長の勧めでその学校の教師になりました。教師になったフレーベルは，「とうとう自分の生涯の活動舞台を発見した。私は水の中の魚，空を飛ぶ鳥のように幸福です」と述べています。そして，フランクフルトの名家ホルツハウゼン家の夫人の経済的支援で，ペスタロッチの学校で2週間研修を受けました。その後はホルツハウゼン家の家庭教師となり，3人の子どもを連れて1808年から2年間，イヴェルドンのペスタロッチの学校に滞在しました。

ホルツハウゼン夫人は聡明で温かい人柄だったといわれています。フレーベルに信頼を寄せ，フレーベルも恋慕の感情を抱いていました。憧れていた母親の姿を感じたのかもしれません。しかし，フレーベルはそのような感情を振り払うために，1811年，ホルツハウゼン家を辞し，ゲッチンゲン大学で，翌年にはベルリン大学で鉱物学，特に結晶について学びます。

---

*1　ドイツの物語や童話には，森を舞台としたものが多くある。

■教育的家族としての学校

1813年から14年にかけて対ナポレオン戦争に従軍した後,フレーベルはグリースハイムに「一般ドイツ教育舎」を設立しました。翌年,カイルハウに移転し,全寮制の家族的な形式での教育活動を展開しました。生徒の数も順調に増えて,学校の評価も高まり発展していきました。

しかし1824年,一人の教員の甥の学生活動家が立ち寄り,逮捕される事件が起きました。学校は自由化運動の活動家の隠れ家と政府から疑われて衰退します。ウィーン会議後の反動体制で固められた時代でした。

■世界初の幼稚園の開設

その後,ヘルパ,ヴァルテンゼー,ウィリザウと,転々と学校の設置を試みます。そして1837年,カイルハウに近いブランケンブルクに「幼児期と青少年期の作業衝動を育成するための施設」を開設しました。1839年,この学校には,幼児保育者養成施設も設置され,その実習施設として幼児を対象とした「遊びと作業の施設」が付設されました。この施設が,1840年に世界最初の幼稚園,「一般ドイツ幼稚園」へと発展します。

フレーベルは幼稚園の普及運動を推進しました。フレーベルは,形式的な礼拝を伴う宗教教育を否定し,子どもたちの自発性を尊重しました。また,人々相互の有機的な結びつきに基づくフレーベルの世界観は,ドイツの国家統一を目指す自由主義勢力から支持されました。1848年の三月革命では,全ドイツ教員組合によって,幼稚園は統一後のドイツ国民教育の第一段階として位置づけられました。しかし,1851年,フレーベルの幼稚園運動は,プロイセン政府によって,急進的な自由主義運動の一派と見なされ,無神論の教育を推進するとして禁止措置が取られます。フレーベルは撤回運動を起こしますが,翌年,死去しました。幼稚園禁止令は1860年に解除され,幼稚園はその後世界各地に普及していきます。

(2) ドイツロマン主義の教育論

■ドイツロマン主義

ドイツロマン主義は,フランス的な啓蒙主義としばしば対比されます。いず

れもヨーロッパで、近代化を推進した精神運動です。

　啓蒙主義では、人間は生まれながらの理性の所有者として、世界の他の存在から切り離されて、特権的な位置に置かれました。しかし、ドイツロマン主義では、神、人間、自然界の事物は、一つの全体的な網の目の中に有機的に組み込まれていると主張されました。社会についても、啓蒙主義が自律的に存在する個人が主体的に契約を交わして結成されたと考えるのに対して、ドイツロマン主義は大きな全体性の中で人々は当初から有機的に結びついていると考えました。つまり、啓蒙主義がまず理性的な個人の存在を想定し、そこから理性的な結びつき方を考えたのに対して、ドイツロマン主義は、まず理想的な社会の枠組みを想定し、そこに人々が結びつくことを主張したのです。

　19世紀前半のドイツでは、国家統一が人々の課題でした。イギリスやフランスでは国民国家が形成され、市民革命と産業革命が遂げられました。しかし、ドイツは、プロイセンとオーストリア以外は、多数の小領邦に分裂して、同一文化をもつ人々による国家統一は未達成でした。対ナポレオン戦争の敗北と被占領を契機に、自由主義の要求とともに、ドイツの国家統一に向けて人々の意識が高まりました。ドイツロマン主義とは、そのような政治状況の中で、ドイツの文化的な共通性に基づいて、国家統一に向けて人々の連帯を訴えた文化運動だったのです[*2]。

> *すべてのもののなかに、永遠の法則が宿り、働き、かつ支配している。この法則は、外なるもの、すなわち自然のなかにも、内なるもの、すなわち精神のなかにも、両者を統一するもの、すなわち生命のなかにも、常に同様に明瞭に、かつ判明に現れてきたし、またげんに現れている。……このすべてのものを支配する法則の根底に、すべてのものを動かし、それ自身において明白である、生きた、自己自身を知る、それゆえに永遠に存在する統一者が、必然的に存在している。*　　（『人間の教育』）[*3]

---

*2　哲学ではフィヒテ、シェリング、ヘーゲル（Georg W.F. Hegel；1770-1831）などのドイツ観念論、文学ではゲーテ（Johann W. Goethe；1749-1832）、シラー、グリム兄弟（Jakob Grimm；1785-1863, Wilhelm Grimm；1786-1859）など、言語学ではフンボルト（Karl W. von Humboldt；1767-1835）などに代表される。

*3　フレーベル、荒井武（訳）『人間の教育』岩波書店、1964年、11-12頁。

■「恩物」と遊戯

　フレーベルは幾何学と鉱物学を学び，結晶の一つの完結した幾何学的な世界に魅せられました。そこから，美しく幾何学的な秩序で結びついた全体的な宇宙とその中に位置づいている人間という世界観を形成しました。人間は宇宙と本来的に連続しており，人々は美しい秩序のもとに結合していると主張しました。

　フレーベルは，子どもの発達に即して宇宙の秩序と自分とのつながりを学ぶ遊具として，「恩物」(Gabe)[*4]を考案し，その普及に努めました。また，フレーベルは，遊戯を子どもたちの創造的な活動として奨励しました。子どもたちが宇宙の中での自分やその中での他者との温かいつながりを実感できるからです。特に輪になっての遊戯は，球体と同様に完全性が象徴され，完全性の中での他者とのつながりを実感できる活動であると重視しました。

■児童神性論

　フレーベルは，人間は神と全体的な宇宙の中で結びついていると考えました。フレーベルにとって人間は神の子であり，神的な性質を本質として有しているのです。ですから子どもも，生まれたときから，すでに神的な性質を有しているのです。しかし，生後の悪い社会的影響や誤った教育によってそれは損なわれます。ですから，フレーベルは，形式的な礼拝や聖書の言葉の暗記を強制する教育を否定しました。また，子どものさまざまな衝動や欲求を抑圧する教育も否定しました。この点でルソーと同様に，子どもの自然な成長・発達を歪める働きかけを排除しました。

　フレーベルは人間の成長・発達を，人間に生来的に内在している神的本質が開花していく過程と考えました。すでに子どもの中にはそれぞれの段階で発展的に開花されるべきものが内在しているのです。成長・発達の各段階で，そこ

---

　*4　「恩物」とは神から子どもたちに与えられたものという意味である。積み木のようなものをイメージしてみるとよい。6色の毛糸性の球（それを引く紐がついている），木製の球，円柱，立方体，八つの小立方体に分割できる立方体，八つの小直方体（立4：横2：高1）に分割できる立方体，さらにそれらを分割できる直方体などがある。これらを使用して遊びつつ，子どもは，統一から多様へと法則的に発展すること，しかも各部分には全体との関連があることを感覚的に学ぶ。このようにして，「神の働きを知らせ，宇宙の法則を知らせる」のである。

に内在しているものの成長・発達を充実させることが大切なのです。それによって，次の成長・発達が適切に準備され可能になると考えました。したがって本来的に内在されているものやその段階的な開花を無視しての働きかけは避けなければなりません。各段階に応じて，外的に世界とのつながりを内面に組み込んで再統一し，自然や社会と調和的に活動する能力の達成を目指します。最終的には，世界のあらゆるものとの「生命の合一」を遂げて，世界と調和的に生きるように導くのです。

（3）家庭から社会へ
■人間関係を通じての教育

フレーベルの思想と実践は，ドイツの国家統一を目指す自由主義派に与していました。フレーベルは家庭教育を基盤として，そこから国民の統一を目指しました。家庭教育の重視という点では，ペスタロッチと一致します。

では，フレーベルは，どのような理由で家庭教育を重視したのでしょうか。

フレーベルは伝統的な農村の大家族全員で行う作業をモデルとして考えます。そこでは子どもは作業を分担する一員として位置づき，作業を通じて大家族の一員であると自覚できました。またそのような家族が村を構成する一単位であることも，見える形で意識することができました。そのように子どもは，家族や村，さらには世界との有機的なつながりを実感でき，全体の中で他者とともに位置づいている自分を意識しつつ，成長を遂げていくことができていました。

しかし，フレーベルの時代になると，産業化の進展によって都市中産階級が成長し，また労働者階級も増大し，家族形態が大きく変化しました。子どもから日常的に大家族で行う作業に参加する機会が失われました。子どもが世界とのつながりを意識しながら，濃密な人間関係の中で大家族で行う作業で貢献し，そのようにして成長を遂げていく機会が失われたと，フレーベルは感じたのです。

全寮制で運営されたカイルハウの学校は，そのような大家族の教育的機能を学校で補償する試みでした。都市の家庭生活では不可能となった，祈り，働き，かつ節制するという本来の家庭生活の在り方を，子どもたちを親たちから切り

離すことで回復しようとしたのです。フレーベルは，そのような家庭生活とその人間関係の中で，家族と有機的につながっている自分を意識できることが，国民的な統一を遂げた国家における有能な国民として成長するための出発点となる，不可欠の基盤だと考えたのです。家族的な関係の体験から始まり，それを弁証法的に社会での関係へ拡大していく道筋を重視したのです。

> 人間が教育されるのは，教授や教育内容によってではない。人々やその人間関係によっても教育されるし，その方がはるかに多い。人間関係によってこそ，人間は最も純粋に最も完全に教育される。
> （カイルハウの一般ドイツ教育舎の「学園報告」より）[*5]

■家庭と学校への橋渡しとしての幼稚園

フレーベルは幼稚園の役割を，家庭の教育的機能を補完して幼児時代の成長・発達を十全なものとし，学校段階での教育に備えさせる「媒介学校」となる点に置きました。幼稚園での生活は，家庭生活の延長です。家庭生活で育まれた「共同感情」を，「生命の合一」に向けて拡大する場です。「共同感情」は，母親との温かい応答関係を通じて目覚め，父親や兄弟たちと行う活動を通じて，父親や兄弟たちの間に拡大します。幼稚園では，それを友だちとともに行う活動を通じて，友だちとの間に拡大することが目指されます。

したがって，幼稚園では，友だちとともに行う遊戯や製作など生活学習が中心になります。遊戯は，友だちとともに全体の中に位置づいている自分を意識できる活動です。また，製作は子どもの「形成衝動」の現れです。フレーベルは，遊びとしての創造的な製作に取り組むことで，やがて勤勉に労働に励む能力が育成されると考えました。フレーベルは，生活学習を通じて幼児期の成長・発達が十全に遂げられて，学校段階での学習が充実すると主張しています。

---

*5　しかし，子どもが休暇で帰宅すると，両親にお客様のように甘やかされ，学校に来ると我儘な状態に戻ってしまうと，フレーベルは嘆いている。

（4）評　価

■ルソーとペスタロッチからの発展的継承

フレーベルは人間の能力は，自ら発展的に開花すると考えました。すべての子どもには神性が宿されており，神をはじめあらゆる存在との「生命の合一」を自ら遂げることができるのです。フレーベルは，ルソーと同様に，誤った働きかけによって，その開花の筋道が損なわれることを批判しました。このように教会の媒介なしに，人間と神との直接的な結びつきに基づいて，人間の成長・発達について論じた点にフレーベルの近代性があります。

一方，フレーベルは，その発展的な開花のための働きかけを重視しました。特に「共同感情」の発達を，年齢段階に応じて発達させる機会を意図的・組織的に提供する必要性を主張しました。幼稚園はそのような機会を子どもたちに提供する場なのです。フレーベルは，ペスタロッチと同様に家庭教育の重要性を指摘し，その原理に基づいた幼稚園での教育を実践したのです。

■ドイツの国家統一運動との関係

フレーベルの思想は，ドイツの国家統一に向けた自由主義運動と切り離すことはできません。この点でフレーベルの描いた「生命の合一」という世界は，統一されたドイツの理想的な社会像でもあったのです。そのような世界で有能に生きることのできる人間の育成を目指したのです。

しかし，プロイセンや各領邦政府は，相互の利害から自由主義派による急進的な国家統一運動に対しては抑圧的でした。そのため幼稚園禁止令など，フレーベルの活動に対しては，政府による圧力がかけられました。

■「私たちの子どもに生きよう」（墓碑）

誕生後間もなく母親と死別したことはルソーと似ています。森の中で一人夢想にふけっていた子ども時代は，ドイツロマン主義的な思想形成の土壌となったのかもしれません。多忙な父親に対する反発は，形式的な宗教態度に対する反抗として表現されたのかもしれません。

フレーベルの場合，叔父夫妻の家庭での温かい生活，フレーベルを気にかけてくれた兄たちの存在があり，ルソーのように孤独ではありませんでした。しかし，フレーベルが希求した世界には，やはり自分が満たされなかった子ども

時代の幸福が，憧憬として美しく描かれているのかもしれません。

❖ **読書案内**

フレーベルの著作は，『人間の教育』『フレーベル自伝』が岩波文庫から，『母の歌と愛撫の歌』がキリスト教保育連盟から刊行されている。
小笠原道雄『フレーベルとその時代』玉川大学出版部，1994年
金子茂（編）『現代に生きる教育思想4　ドイツ（Ⅰ）』ぎょうせい，1981年
荘司雅子『フレーベルの生涯と思想』玉川大学出版部，1985年

●*Column 4*　モンテッソーリ——幼児への知的環境の提供●

　モンテッソーリ（Maria Montessori；1870-1952）は，ローマ大学の医学部で学び，イタリアで女性初の医学博士を取得しました。知的障がい児の治療を研究しました。

　モンテッソーリは，1907年，「ローマ住宅改良協会」（スラム街の人々に安い賃貸料で住居を提供し，また生活改善の支援を通じて社会改良を目指した団体）の要請を受けて，スラム街にある同協会運営の託児所「子どもの家」の責任者になりました。しかし，子どもたちは，家庭で適切にしつけが行われておらず，教師など年長者に対する適切な信頼感や敬意が形成されていません。言葉による指導は，ほとんど効果がみられない状態でした。

　モンテッソーリは，テーブル，椅子，棚などを子どもの身の丈に合った大きさにし，子どもが興味を示す教具を配置して，子どもたちが自由に活動できるようにしました。すると，子どもたちは自主的に，興味をもって，持続的に知的な活動に取り組むようになりました。また，自主的で具体的な活動の中で，子どもたちは，しつけについても素直に受け入れるようになりました。

　ここから，子どもたちに，知的な興味が刺激され，自主的に持続的に集中して取り組むことができる環境を整える必要性に気づきました。そのような環境の中で自由に活動させることで，どのような子どもも，知的・道徳的に健全な成長・発達を遂げると気づいたのです。

　当時は，貧困家庭の子どもに対しては，懲罰で脅してしつけるべきだという考え方が一般的でした。それに対してモンテッソーリは，健全な環境を整えることを提唱したのです。そのようにして，すべての子どもの教育可能性を，自らの実験的な教育実践を通じて証明しました。

　また，モンテッソーリは，親たちの再教育や啓発にも取り組み，親たちとの信頼関係の形成に努めました。そのようにして，貧困や犯罪の予防を，適切な環境の提供による教育を通じて行うことを目指しました。

　その後，モンテッソーリの幼児教育の方法は，イタリア国内だけではなく欧米各国からも高く評価され，モンテッソーリの教育方法に基づく幼稚園が世界各地に設置されていきました。モンテッソーリ運動では，教員養成コースの指導，モンテッソーリ教員資格の授与など，さらに幅広く展開されました。

3 科学としての教育学の確立
―― ヘルバルト ――

> **Question**
> ①ヘルバルトは，どのような論理構造において，教育学を科学として確立しようとしたのか。
> ②ヘルバルトは，教育学を，どのような特質において単なる「術」と区別することを主張したのか。
> ③ヘルバルト派の「五段階教授法」は，なぜ急速に世界的に広がったのか。

(1) 早熟の天才

■母親による教育

ヘルバルトは，1776年，ドイツ北部のオルデンブルクに生まれました。祖父はギムナジウムの校長，父は町の法律顧問官兼参事官でした。町の名士の家庭でした。しかし，父は家庭を顧みることはなく，母とは不和であったようです。母は知的に優秀で，気性の強い女性だったと伝えられています。

ヘルバルトは，幼児期に身体が虚弱でした。このため，幼少年期は母親の全面的な保護のもとで教育を受けます。息子に対する感情は，愛情というには度を超えていたようです。イエナ大学に入学後は，母親も同行して同居し，大学

ヨハン・フリードリヒ・ヘルバルト
(Johann F. Herbart；1776-1841)
- 1776年　ドイツ北部のオルデンブルクに生まれる。
- 1794年　イエナ大学で学ぶ。
- 1797年　スイスのシュタイゲル家で家庭教師。
- 1800年　ゲッチンゲン大学で学ぶ。
- 1802年　ゲッチンゲン大学私講師。
  - 06年『一般教育学』
- 1809年　ケーニヒスベルク大学教授。
- 1833年　ゲッチンゲン大学教授。
  - 35年『教育学講義綱要』
- 1841年　死去。

での指導教授のフィヒテやその夫人とも交際しました。母親は，強力なママゴンで，ヘルバルトはいわゆるマザコンだったのかもしれません。ペスタロッチの母親とは異なっていたようです。ペスタロッチの母親は息子の行動を温かく励まして見守るタイプで，ヘルバルトの母親は，失敗しないように安全第一で管理的に支配するタイプだったのでしょう。

■ギムナジウム時代から示された哲学的才能

ヘルバルトの才能は，ギムナジウム時代から示され，哲学をテーマとした論文は高く評価されました。「国家における，道徳性の発展と退廃の一般的原因について」は，オルデンブルク発行の総合雑誌に掲載されました。ギムナジウムの校長は，ヘルバルトを学業と品行ともにきわめて優秀な生徒と称賛しています。

イエナ大学ではフィヒテに師事して哲学を深めます。しかし，しだいに当時の主流であったロマン主義的な哲学やカントの哲学にも納得ができなくなりました。ヘルバルトは，善意志や自律的自由，あるいは人間の理想的な在り方を先験的に想定する哲学に批判的でした。人間がどのような存在なのかについて，現実の人間に対する観察から事実を積み上げて科学的に究明することを志向しました。

■スイスでの家庭教師経験

ヘルバルトは友人からスイスのシュタイゲル家の家庭教師の職を紹介されました。母の強い勧めもあり，2年半ほどの間引き受けます。この家庭教師の経験は，ヘルバルトが後に発展させる教育学の理論に大きな影響を与えました。子どもたちの観察に基づいて指導の方法を考えるという経験は，ヘルバルトの科学としての教育学の構築のための基盤となりました。1799年秋，スイスからの帰路，ペスタロッチに面会し，彼の教育実践や考え方から大きな感銘を受けました。

■大学教員として

ゲッチンゲン大学で学位を取得したヘルバルトは，ゲッチンゲン大学の私講師となります。そして，ペスタロッチの直観教授法を発展させることを試みます。この頃，主著の『一般教育学』（1806年）をまとめました。

1809年，ケーニヒスベルク大学からカント（1804年死去）のポストの後任教授として招聘されて赴任します。そして，自らの教育学の論拠となる表象主義的な心理学の理論的精緻化を目指します。つまり，精神は事物と接触することを通じて，精神にその事物の表象が形成されるという心理学です。そして，ヘルバルトは，自らの教育学理論に基づいてケーニヒスベルク大学に，教育学ゼミナールを開設しました。

　1833年にはゲッチンゲン大学の教授になります。しかし，ヘルバルトの学問はすでに30歳のときの『一般教育学』で完成されており，その後の大きな発展はなかったと評価されています。

　ゲッチンゲン大学教授時代の大きな出来事は，1837年の「7教授追放事件」でした。ハノーヴァーの新国王が絶対王政を復活させようとして，大学教授に服従を求めました。哲学部長であったヘルバルトは国王との妥協を試みましたが，7名の教授はそれを拒みました。このため7教授は，罷免・国外追放されてしまいます。この事件に対しては，ドイツ全土で7教授を支援する抗議活動が展開されました。同時に曖昧な態度のまま7教授の追放を許したことに対して，ヘルバルトは各界から人格的な弱さを非難されました。

　1841年にヘルバルトは死去しました。

（2）科学としての教育学の確立

■科学としての教育学

　18～19世紀は自然科学を中心に諸科学が分化的に発展した時代でした。そのような中で，ヘルバルトは，教育学を科学の一分野として確立することを目指しました。

　つまり，第一に，教育の目的について，先験的な理念から超越的に設定するのではなく，現実の人間に関する観察とそれに基づく考察によって設定することです。第二に，教育の方法を単なる術としてではなく，人間の成長に対する意義や心理学に裏づけされたものとして開発することです。このように，教育について，現実に根ざし，また，知的に反省された体系的な研究領域として確立することを目指しました。

第4章　近代教育学の成立とその論理

ヘルバルトは『教育学講義綱要』（1835年）で教育学は，実践哲学（倫理学）と心理学に依拠すると述べ，科学としての教育学の在り方を示しました。すなわち前者は陶冶の目的を示し，後者はその道と手段を示すのです。

■目的を倫理学に

ヘルバルトにとって教育の目的は，道徳性のある品性を陶冶することでした。そのためには，教育を方向づける善を示すことが必要です。このために目的を倫理学に依拠することが主張されました。

しかし，教育とは，子どもたちに単に善について教えることではありません。教育とは，子どもたちに道徳的な能力を育て，正しく判断して行動できるようにする実践です。自ら善を志向し，強くやり抜こうという意志と一体になった能力を育てなければなりません。品性の陶冶とは，志向と意志とが一致して発揮される道徳性の育成なのです。

そして，そのような品性は，放置されていても開花しません。人間の意図的な働きかけを通じて鍛え上げられるものです。すなわち，人間による陶冶が必要なのです。ヘルバルトは，教育における子どもへのあらゆる働きかけは，陶冶としての価値をもつものでなければならないと論じています。したがって，子どもに対する訓練や管理は，教育的価値への連続が自覚されていない場合は，単なる調教にすぎないものになります。

■方法を心理学に

ヘルバルトは，品性の陶冶のために，単なる術ではなく，知的に反省された方法を開発することを目指しました。そのために，観察とそれに基づいて考察するという，心理学の方法に依拠することを主張しました。

ヘルバルトは，どのようにすれば子どもの志向が善に向かい，また，その志向に即して意志が粘り強く働くのかを考えました。そして「興味」を多面的に展開させることが必要だと気づきました。「興味」とは，対象についての表面的な満足を即座に求める欲望ではなく，対象の内部に入り込み，その本質を粘り強く探究しようとする知的働きです。「興味」を育て，「興味」に基づく知的活動を通じて，志向と意志が育成されるのです。そして，ヘルバルトは，この「興味」を多方面で形成することにより，幅広くバランスのよい品性が陶冶さ

れると考えました。そして，教授活動を，このような「多面的興味」の形成を目指して，「教育的教授」として行うことを主張しました。

■教授法の論理

ヘルバルトは，子どもたちが道徳的理想や事物について正しく習得できるように，教授過程の構成の仕方について考えました。ヘルバルトは，新しい内容は，すでに習得しているものとの「類化」（関連づけ）によって学習されると考えました。そして，その働きには，精神が対象に没入する働きと，没入後に反省する働きがあるといいます。前者が「専心」，後者が「致思」です。また，それぞれに静止的なものと進動的なものとがあるといいます。

ヘルバルトは，教授過程を次のように組織することを提唱します。

①明瞭：新しく学ぶ対象に静止的に専心して，その対象の性質を把握する。

②連合：その対象と類似した，すでに知っている他の対象に進動して専心し，相互の観念を結びつける。

③系統：各対象間の関係について，静止的に致思して，それぞれの対象を系統的に整理する。

④方法：系統を応用的に使用して進動的に致思し，新しい事柄の発見を試みる。

ヘルバルトは，この段階に従って教授過程を構成すると，初めて学ぶ対象についての知識を，子どもたちの精神の中で同化・定着することができると考えました。

（3）評　価

■ヘルバルト主義

ヘルバルトの弟子のツィラー（Tuiskon Ziller；1817-1882）は，教授過程を「分析―総合―連合―系統―方法」の5段階に，その後，ライン（Wilhelm Rein；1847-1929）は，「予備―提示―連結―総括―応用」の5段階に発展させました。後者は「五段階教授法」として世界各地で採用されました。

ヘルバルト主義が，19世紀後半から20世紀初頭の世界各地で採用されたのは，当時，欧米各国（日本も含む）で公教育制度の整備が進みつつあったからです。

第4章　近代教育学の成立とその論理

教室で多数の子どもを同時に効率的に教える教授法が必要とされたからです。しかも，どの教師が教えても一定の成果が得られる指導の方法が求められました。そのような背景から，「五段階教授法」のように教授過程をパターン化して，どの教師が，どこで，いつ実施しても，一定の同じような成果を出すことのできる教授法が求められたのです。しかし，「五段階教授法」はしだいに形骸化され，皮肉にも，ヘルバルトが忌避したような単なる「術」のように使用されがちになりました。20世紀になると，子どもたちの活動体験を重視する新教育運動から批判され衰退しました。

■影の薄いヘルバルト

ヘルバルトの功績は，次の点にあります。

第一に，子どもの学び方を観察から明らかにし，それに基づいて教授法を開発するという方法によって，教育学を科学の一分野として確立したことです。

第二に，教授など，子どもに対するさまざまな教育的行為が，その子どもの人間形成に対する意義をもたなければならないと主張したことです。

これらは教育学の基本的な立場として重要です。

しかし，ヘルバルトは，同時代のペスタロッチやフレーベルに比べて，後世の人々からの人気は低く，教育思想家としての影は薄く感じられます。

それは，当時のドイツが直面していた政治的・社会的問題へのヘルバルトの関与が薄いことによります。ペスタロッチは，貧困の源泉をせき止めるという，社会改革を目指しました。また，フレーベルは，人々の相互貢献による有機的な連帯を主張し，ドイツの国家統一を目指しました。

つまり，ペスタロッチやフレーベルは，政治的・経済的・文化的な状況の中で，その改革を目指して教育について論じ，理想をめがけて子どもたちに対する教育実践に取り組んだのです。そのような情熱が，時代を超えて後世の人々の心に訴えかけ続けるエネルギーとなっています。

その点でいえば，ヘルバルトの思想からは，時代状況の中での教育の在り方に対するペスタロッチやフレーベルのような生き生きとした情熱を感じることはできません。その生き方は「優等生」すぎるように感じられます。晩年のゲッチンゲン大学哲学部長時代の「7教授追放事件」での曖昧な態度は，残念

ながら「長」の在り方として非難されて当然でしょう。19世紀のドイツでは，フィヒテやフンボルトによって，学問の自由が掲げられ，大学の自治，特に政治権力からの独立が主張されていました。ヘルバルトは，哲学部長として，大学が死守すべき原則を守ることができなかったのです。

❖ 読書案内

> ヘルバルトの著書は三枝孝弘（訳）『一般教育学』明治図書出版，1960年；是常正見（訳）『一般教育学』玉川大学出版部，1968年；高久清吉（訳）『世界の美的表現』明治図書出版，1972年；是常正見（訳）『教育学講義綱要』協同出版，1974年が刊行されている。
> 稲富栄次郎『ヘルバルト』岩波書店，1972年
> 金子茂（編）『現代に生きる教育思想4　ドイツ（Ⅰ）』ぎょうせい，1981年
> 高久清吉『ヘルバルトとその時代』玉川大学出版部，1984年

［第5章］

近代公教育制度と教育論
――学校教育の制度化――

Introduction

① 近代公教育制度とは，どのような原則に基づいて，何を目指して成立した制度なのか。
② 近代公教育制度は，各国において，どのような政治・経済・文化的な状況の中で，どのような過程を経て成立したのか。

＊　＊　＊

　近代公教育制度とは，欧米各国において，市民革命後に成立した立憲主義，議会主義に基づく世俗（政治と宗教が分離された）政府によって，構想・準備・提供された学校教育制度です。
　次の３点が原則です。

　　①義務制，②無償，③宗教的中立（世俗政府による統制）

　本章では，フランス，イギリス，ドイツ，アメリカを取り上げ，各国における公教育制度成立までの経過を述べます。各国とも公教育制度については，市民革命直後の1800年前後にその構想が提案されます。しかし，財政難，政治的な混乱，王政の復古，宗教的対立など，各国の近代化の過程で抱えられていたさまざまな歴史的事情の中で，実現に至るまでには多くの苦闘を経ました。各国で上記の３原則が実現されたのは1900年前後でした。公教育制度は，その構想が提案されてから完成するまで，ほぼ19世紀の100年間を必要としました。
　日本では，1872（明治５）年に学制が頒布されます。そして，1918（大正７）年の市町村義務教育国庫負担法で無償が実現し，近代公教育制度が完成します。出発は欧米各国に半世紀遅れたものの，ほぼ同時期に制度を完成させました。就学率は1911（明治44）年に98％に達していました。
　西洋において近代公教育制度以前，民衆の子どもたちは村の教会に付設・管轄された学校で教育を受けていました。そのような教育を通じて，キリスト教に対する信仰心と教会や国王・領主への忠誠心が形成されていました。したがって，近代公教育制度の整備・完成への過程は，市民革命によって成立した世俗政府（非聖職者が運営する政教分離を原則とした政府）

と伝統的な宗教勢力との間での，国民の精神的支配をめぐる綱引きだったのです。

　近代公教育制度は，階級や身分にかかわりなく，国民全体の中から有能な者をリーダーとして選抜する道を開きました。また，国民に政治参加に必要な教養を保証するものでした。この点で，公教育制度は，一般的には，民主主義の実質化と学ぶ権利の保障という歴史的な意義を達成したと評価されています。しかし，他方，学校を工場システムに似たものにし，富国強兵に従順に貢献する国民を育成する役割を果たしたという指摘もあります。

　市民革命を通じて成立した近代市民国家は，民主主義を制度的に構築して国民の諸権利の保障を実現しました。しかし，他方，国民の精神を一つにまとめて，産業を盛んにして武力を用いて国力の発展に突き進みました。つまり，公教育制度は民主主義社会の市民を育てるという理念を掲げる一方で，富国強兵に従順に貢献する国民を育成するという機能を果たしてきたのです。

　近代公教育制度に基づく学校では，国語と自国史の教育が重視されました。標準語教育と愛国心教育です。国民が団結して富国強兵に突き進むためには，職場や軍隊において，迅速かつ確実な意思疎通のために標準語への言語的統一が必要でした。また，自国史を教えて誇りをもたせることにより，伝統的な宗教に代わる国民の精神的な統一の支柱を立てることが必要となりました。この点で，近代公教育制度の成立は，富国強兵に向けて，国民の精神に対する世俗政府による支配・統制の確立という側面を有していたのです。

　このような観点からいえば，科学技術，議会制民主主義，自由主義経済という「近代西洋」の社会制度を支え，そこに生きる人間を，国家によって組織的に育成していくという近代教育の制度化であったのです。

1 フランス
――革命の理念に基づく共和国国民の創出――

> ***Question***
> ①フランス革命では,人間や社会についてどのような理念が掲げられて,それに基づいて,どのような教育が構想されたのか。コンドルセの教育思想と合わせて考えよう。
> ②フランスでは,公教育制度の完成に至るまでどのような曲折があったのだろうか。また,それは政治状況のどのような動きと関連し,また一般の民衆のどのような生活状況に基づいていたのか。
> ③フランスでは,現在でも公共の場における宗教的な表現が原則的に禁止されている。それはどのような歴史的な事情から生まれたのか。

(1) 歴史的背景

フランスにおける民主主義は,バスティーユ牢獄襲撃や国王ルイ16世の処刑に象徴されるフランス革命で,一挙に達成されたのではありません。フランス革命とは,1789年の国民議会の成立から立憲議会,立法議会,国民公会,総裁政府を経て,1799年のナポレオン(Napoléon Bonaparte;1769-1821)による統領政府の成立までの時期です。この間,旧制度の廃止と「人権宣言」の発布など,さまざまな改革が試みられました。その後,フランスの政治体制は,共和政,王政,帝政の間を揺れ動き,1879年の第三共和政の内閣の誕生によって安定しました。この間,共和派対王党派,世俗主義勢力対宗教勢力との間で対立・抗争が繰り返されました。

フランスの公教育制度は,革命直後の1791年のフランス憲法においてその実現が約束されました。世俗権力によって統制され,啓蒙主義に基づいた実証的な知識の教授を行う,全国民を対象とした教育制度が構想・提案されました。フランス革命の理念に基づいて,新しい共和国を担う国民の創出を目指す教育制度でした。しかし,そのような公教育が制度的に一応の完成に達したのは,第三共和政の時代の19世紀の末になってのことでした。

(2) フランス革命期

▇旧制度下での教育

絶対王政は王権神授説によって権力を基礎づけていました。中世以来のカトリック教会の権威と結託している点で，前近代的な制度と見なされがちです。しかし，同一の言語と文化を有する地域を統一して，中央集権国家を打ち立てたことは，国家の近代的発展への大きなアドバンテージとなりました。

絶対王政は，効率的に国家を運営するための官僚機構と常備軍を組織しました。また，その維持のために商工業を発展させる重商主義政策をとりました。単純化していえば，市民革命とは，絶対王政のもとで力を蓄えた商工業者層が，国王に替わって政治の主体となった転換です。国民的な統一および近代国家の骨格である官僚機構と常備軍はすでに準備されていました。

フランスでは，教会に付設・管轄されたプチテコール（小さな学校）やキリスト教学校同胞会の慈善学校が民衆教育を担っていました。ルイ14世（在位1643〜1715年）は民衆学校の拡充を目指しますが，プロテスタントの家庭の子どもにも14歳までカトリックの学校に通うことを強制しました。18世紀後半には教育の世俗化が主張され，ディドロ（Denis Diderot；1713-1784）によって国民教育の構想案が提出されました。

▇憲法による平等・無償の共通教育の保障

1789年6月の国民議会は，7月に憲法制定国民議会となり，8月には「人権宣言」を発します*1。そして，91年に憲法を制定しました。憲法では，次のように述べられています。

> すべての市民に共通かつすべての人々にとって必要かつ不可欠な教育の部分に関しては，無償の公教育制度が創設され組織されるべきである。

---

*1　人権宣言
　　第1条　人間は自由かつ権利において平等に生まれた。……
　　第2条　あらゆる政治的結合の目的は，人間の自然で時効により消滅することのない権利の保全である。それらの権利とは，自由・所有権・安全及び圧制への抵抗である。
　　第3条　あらゆる主権の原理（起源・根源）は，本質的に国民のうちに存在する。……
　　第17条　所有権は神聖かつ不可侵の権利であるから，……。

つまり，全国民を対象とする，無償の，共通の教育が，政府によって提供されることが定められました。

■革命政府の教育構想

憲法のこの条文を具体化するために，この後，さまざまな教育法案が議会に提出されます。しかし，政治状況は，立憲君主派と共和派の対立，王政廃止とルイ16世の処刑による共和政への方向転換，共和派（ジャコバン派）内部での急進的な平民派（モンターニュ派）と穏健な富裕層派（ジロンド派）との対立，そして，ロベスピエール（Maximilien de Robespierre：1758-1794）によるモンターニュ派の独裁と恐怖政治，それに対するテルミドール（7月）のクーデターと総裁政府の成立と，情勢はめまぐるしく変化・混乱しました。

この間，タレイラン案，コンドルセ案，ロムン案，公教育法案（ロベスピエール），初等教育法（ルペルチェ），公教育組織法（テルミドール派）などが提出されましたが，いずれも政治状況の変化によって廃案となりました。憲法の条文は実現されないままになりました。これらの案は，憲法の理念の実現を目指し，国家の責任ですべての国民に共通の教育を実施するという点では一致しますが，特徴として大きく二つに分けることができます。

一つは，タレイラン案，コンドルセ案，ロムン案，公教育組織法（テルミドール派）など，立憲君主派やジロンド派などの富裕層を代表する派閥から提出された案です。タレイラン案は憲法を具体化し，すべての国民に共通の初等教育を無償で実施することが定められました。コンドルセ案は，自由主義・啓蒙主義的な色彩が強く，教育の中立性など，今日の公教育制度の原型となる原則が示されています。ロムン案と公教育組織法は，コンドルセ案を引き継ぎますが，無償化にまでは踏み出していません。

もう一つは，公教育法案（ロベスピエール），初等教育法（ルペルチェ）など，モンターニュ派から提出された案です。これらでは革命の理念に基づく教育の徹底が掲げられています。公教育法案で，ロベスピエールは全寮制の学校教育を構想しました。初等教育法では，革命生活学校主義が打ち出されました。学校教育を通じて，共和国国民の徹底的な育成が目指されました。

（3）近代的教育制度についての原理の提案

▰コンドルセの公教育の構想

　コンドルセ（M. J. A. N. C. de Condorcet；1743-1794）は，フランス革命期に啓蒙思想家，政治家として活躍しました。革命までは数学者でしたが，革命後は代議士となり，教育委員長のときに「公教育の一般的組織に関する法案」を提出し，公教育制度の成立を目指しました。しかし，ジロンド派に属したため，モンターニュ派独裁期に追放され，逮捕令，死刑判決を受けました。その後逮捕・投獄され，1794年に獄死しました。逮捕されるまでの間に執筆された『人間精神進歩史』[*2]（1795年死後出版）には，啓蒙主義的な歴史観が示され，フランス革命の意義，および教育による人間の完成と人類の進歩について論じられています。コンドルセの思想には，近代の公教育制度の原型として引き継がれている，次のような原則が提案されています。

▰「学ぶ自由」「教える自由」

　コンドルセは，学ぶ内容の自由を主張しました。旧制度時代，プロテスタントは，カトリックの学校への子どもの就学を強制されました。「学ぶ自由」とは，そのような強制からの解放でした。コンドルセは，子どもの学校と学ばせる内容の決定権，すなわち教育権は父親にあり，しかも自然権であると主張しました。宗教的な自由の保障という観点から，「学ぶ自由」を論じ，教育権を親に属する自然権として位置づけました。

　「教える自由」とは，教会公認の知識以外の，啓蒙的・実証的な知識を教授する自由です。啓蒙主義では，合理的な知識の増大により，歴史が進歩すると主張されました。学問・思想の自由と教える自由の保障により，新しい知識の発見が保証されます。そして，それを教えることで，人々は理性的に判断して

＊2　コンドルセは，人類の精神の進歩の歴史を10の段階に分けた。人類は言語・技術・文字の使用を経て，事実の観察に基づく科学的方法を獲得した。これにより迷信や不合理な考え方が排除され，フランス革命が達成された。コンドルセによれば，人類は現在，第9段階にいる。そして，未来の第10段階では，知識・自由・道徳の進歩と自然権の尊重が実現されると展望している。つまり，人類の完成が達成されると述べられている。そのような第10段階に至るためには，公教育を普及させ，すべての国民を平等に教育することが必要となる。人類の理性による正しい知識の獲得による進歩という，啓蒙主義的な歴史観が示されている。

行動できます。人間社会の改良には，学問・思想や教える自由の保障が不可欠です。教会による干渉や妨害の排除が必要なのです。

> いかなる公権力といえども，新しい真理の発展を阻害し，その特定の政策や一時的な利益に反する理論を教授することを妨害する権限をもってはならないし，またそうすることができるという願望さえもってはならないのである。
> （「公教育に関する報告および法案」）[*3]

■「公権力の義務」としての教育

コンドルセは，「人類の完成」に向かう進歩には，すべての国民を正しい知識に基づいて合理的に判断・行動できるように教育しなければならないと考えました。国家の正当性は「人類の完成」という理想に向かう点にあり，その点で，すべての人に対する教育の保障は国家の義務となります。啓蒙主義的な進歩史観に基づいて，教育を国家の国民に対する義務として位置づけました。

> 公教育は人民に対する社会の義務である。（「公教育の本質と目的」）[*4]
> 国民教育は社会共同体の利益，全人類の利益の見地から課せられた公権力の当然の義務である。（「公教育に関する報告および法案」）[*5]

■教育の機会均等

国家による経済的な弱者への配慮がなければ，教育の平等は実質化されません。コンドルセは公立学校の無償，奨学制度，男女共学を提案します。「人類の完成」とはすべての人に啓蒙が行き渡った状態です。すべての人に等しく教育することが必要なのです。コンドルセは，無償化とともに奨学制度も計画し，機会均等の実現を目指しました。

■「教育の独立」

「教育の独立」とは，一つはカリキュラムの独立です。つまり，教える内容から宗教的な内容や政治イデオロギー的な内容を追放し，科学的・実証的な内

[*3] コンドルセ，松島鈞（訳）『公教育の原理』明治図書出版，1976年，133頁。
[*4] 同書，9頁。
[*5] 同書，130頁。

容に限定することです。コンドルセは，学校で教える内容を科学的・実証的な合理性のある内容に限定し，理性に基づいて判断できる国民を育成するために，旧制度を支えた思想や価値の侵入の防止を主張しました。

もう一つは教育行政の独立です。これも教会やそれと結びついた政治勢力からの独立の主張です。教育行政は法治主義の原則に基づき，人民の代表による議会に従属させるという世俗主義の徹底を主張しました。そして，研究者や学者から互選で選出され，政治権力からも相対的に独立した「国立学士院」を設置して，教える内容などについて指導することを提案しました。

（4）政体の振り子期
■ナポレオンの統領政府から帝政へ

フランス革命後の政治的主導権をめぐる党派争い，特にロベスピエールのモンターニュ派の独裁による恐怖政治，それに対するテルミドールのクーデターなどは，血で血を洗う抗争でした。フランスを取り巻く各国は，王政の廃止や縮小を目指す革命の波及を警戒して，フランスへ軍事的圧力を加えました。

内政の混乱と外国による軍事的圧力の中，ナポレオンは王党派の反乱の鎮圧やイタリア遠征などに成功し，1799年にブリュメールのクーデターによって統領政府を樹立します。1804年には国民投票でナポレオン1世として皇帝になりました。これが第一帝政です。

ナポレオンは中央集権的な国家体制のもとで教育制度の整備を進めました。そして，ピラミッド型教育体系の頂点に帝国大学を設置し，国家の発展に尽くす官僚，軍人，科学者の養成機関としました。しかし，初等教育については，プチテコール（小さな学校）や慈善団体など，宗教団体に任されたままでした。

軍事力によって，一時期，ヨーロッパの大半を制圧したナポレオンですが，ロシア遠征の失敗，ライプチヒでの諸国民の戦いに敗北し，エルバ島に隠棲しました。その後の一時的な復活（百日天下）もありましたが，1814年，ルイ18世（在位1814～1824年）が即位してブルボン朝が復活します。

■王政復古から七月王政へ

1814年から15年，ウィーン会議が開かれます。国際秩序の回復が目指されま

した。そして，フランス革命以前の領土や主権が正当なものと見なされ，それへの復帰が図られました（正統主義）。自由主義・国民主義は弾圧され，王政を擁護する保守反動の国際体制（ウィーン体制）へと移行しました。

　1816年の初等教育令では，すべての市町村に小学校設置が義務づけられました。財政的な保障や就学への強制力はなかったものの，初等学校数は1817年から1833年までの間に2万校から4万2000校に，就学者数は100万人から200万人に倍増しました。[*6]

　その後，1830年，反動政治を強化したシャルル10世（在位1824～1830年）に対して市民が決起し，七月革命が起こりました。立憲君主制による「七月王政」が誕生します。

　1833年の文相ギゾー（F. P. Guizot；1787-1874）による初等教育法（ギゾー法）では，初等教育に対する国家の公的統制と学校の公的な性格が明確にされました。各市町村には1校以上の公立小学校の設置が義務づけられました。そして，学校の自治的な管理，貧困児童の授業料免除，教員の任免の市町村長の許可，父親の意思に反して宗教教育が強制されないことなどが規定されました。この法により，その後1848年までの間に初等学校数は6万3000校に，就学者数は350万人に増加しました。[*7]

■第二共和政から第二帝政へ

　1848年，首相ギゾーが選挙法改正要求を拒否して二月革命が発生し，第二共和政が成立します。文相カルノー（L. H. Carnot；1801-1888）は，1848年，小学校の義務制と無償化，および市民的平等と非宗教教育を特色とする「教育法案」を提出しました。しかし，パリ労働者蜂起（六月暴動）により，保守派の政策が強化され，1850年，宗教色の色濃い「ファルー教育法」が制定されました。

　1851年にクーデターを起こしたルイ＝ナポレオンは，翌年に選挙により皇帝（ナポレオ3世〔在位1852～1870年〕）に即位し，第二帝政を開始しました。この時期は，「ファルー教育法」が改訂実施され，また教育行政の中央集権化が進められました。しかし，学齢児童の約4分1が未就学でした。そのため，義務

＊6　川崎源（編著）『西洋教育史』ミネルヴァ書房，1979年，157頁。

＊7　同書，158頁。

を有能に果たす国民の育成のために，1867年，教育費の全面的な公的負担を内容とする「デュリュイ法」が提案されました。しかし実現には至りませんでした。

（5）公教育制度の成立へ
■第三共和政の成立と公教育制度の確立

普仏戦争の敗北後の1875年に第三共和国憲法が制定され，第三共和政が確立しました。文相のフェリー（Jules Ferry；1832-1893）[*8]は，コンドルセの案を理想として教育法案の整備に取りかかりました。そして，1881年に公立小学校と幼稚園の授業料無償化が実現されました。1882年には，満6歳から13歳までの義務化，教育内容の世俗化，聖職者による公立学校と幼稚園の監督・指揮権の停止などが決定されました。[*9] さらに1886年には，公立小学校の教員が非聖職者に限定されました。[*10]

[*8] 第二帝政末期に弁護士から議員に転じ，普仏戦争のときには国防臨時政府の一員となる。コミューン蜂起のときにはパリ市長だった。1879年から下院議員となり，議会主義共和派のリーダーとして活躍する。文相と首相を2期ずつ務め，反教権主義の立場から非宗教（ライシテ）の教育改革や政教分離政策を実施した。

[*9] 『プチ・ラヴィス』
 実証史学の大家であるエルネスト・ラヴィスが編集した小学校向けのフランス史教科書。小学生に祖国の観念を形成し，共和主義的国民を育成するための国民教育のバイブル的書物となった。それまでは，公立学校，私立学校ともに，カトリック教会の影響が強く，歴史では聖書の物語や聖人の伝記が教えられていた。『プチ・ラヴィス』では宗教的な解釈は排除され，実証主義に基づいて自国の近代史が系統的に記述されている。そのようにして近代的なフランス国民の育成に大きな影響を与えた。

 『二人の子どものフランス巡礼――義務と祖国』
 小学生向けに書かれたフランス地理の教科書。普仏戦争で孤児となった二人の兄弟が，生まれ故郷のロレーヌを離れて，叔父を探してフランス各地を訪ね歩く物語である。地方文化の多様性に接しながらも，国語としてのフランス語の習得が国民としての精神的な結びつきを形成するうえで重要であることが述べられている。

[*10] 代議士で司教のフレッペルの反対論（守旧派の代表的な見解といえる）
 「無償・義務制は家父長の権利と教育の自由に対する公権力の侵害であり，この身分制社会の秩序を破壊することにもなるし，また教育のライシテに関しては，子どもに『もう神はいないのだ』と教えるようなものだ」。

このように，革命後の政治的な混乱や振り子のような動きの中で，1791年の憲法から約100年をかけてフランスの公教育制度は完成されました。

> ❖ 読書案内
>
> 　安達正勝『物語フランス革命』中央公論新社，2009年
> 　天野知恵子『子どもと学校の世紀――18世紀フランスの社会文化史』岩波書店，
> 　　2007年
> 　梅根悟（監修），世界教育史研究会（編）『世界教育史体系10　フランス教育史
> 　　Ⅱ』講談社，1974年
> 　松島鈞（編）『現代に生きる教育思想3　フランス』ぎょうせい，1981年

● *Column 5*　デュルケーム——有機的連帯によるアノミーの克服 ●

　フランスでは1879年に第三共和政内閣が誕生して，共和政が安定します。
　デュルケーム（Émille Durkheim；1858-1917）は，社会学者，また，教育社会学の創始者として，第三共和政の成立から発展期を生きました。デュルケームは，社会を理想に向けて改善する方途を提言しました。
　19世紀後半のフランスは産業の発展により巨大資本が登場し，弱肉強食の自由競争が展開されていました。デュルケームによれば「アノミー」（剥き出しの欲望）状態でした。政治的には，伝統的なカトリック的立場の王党派と世俗主義の共和派が主導権争いを続けていました。社会秩序回復が必要とされていました。
　しかし，伝統的なカトリック的価値観はすでに衰退し，他方，世俗主義は自由放任の経済競争に対して，理性的に統制できないままでした。デュルケームは，教育を通じて新たに社会を統合する方策を考えました。
　共和派の立場に立つデュルケームは，『道徳教育論』（1925年）で，人々を新たに統合し，社会を再構築する方策として，子どもたちに超越的な価値を内面化することにではなく，人と人とが協同して社会を支えていく活動に有能に参加できる資質を育てることを唱えました。
　デュルケームは，近代社会は人々の多様な職業的「分業」を担う個人の「有機的連帯」によって機能していると分析しました。そのため人々の間に相互の活動を調整・協力し合う「協同の精神」や相手の立場を考えて助け合う「愛他志向」が必要とされます。デュルケームは教育を通じて「協同の精神」と「愛他志向」を育成し，「有機的連帯」という動的な紐帯の形成による社会統合を達成することを主張しました。
　そのためにデュルケームは，道徳性として，①「紀律の感覚」（他者を意識して，主体的に秩序や調和ある生活を志向する感覚），②「集団への愛着」（集団が抱き目指している社会的理想に対する愛着），③「自律の意志」（理性的な判断のもと，社会の究極的価値に自ら従う意志）を育成することを主張しました。
　この点で，社会の「究極的な価値」は，固定的で絶対的なものではありません。時代や社会の状況に応じて創り出されるものです。青年たちには，必要に応じて時代の理想的な「集合的意識」を創り出して，それを紐帯として「有機的連帯」を構築していくことが求められるのです。

2 イギリス
――工場労働からの児童の保護――

> **Question**
> ①工場法の制定による児童労働に対する規制の背景には，児童福祉という人道的な理由のほかに，どのような理由があったのか。
> ②慈善団体によってボランタリズムの原則で運営されていた学校は，どのような背景から政府の管轄下に組み入れられたのか。
> ③オウエンやミルの思想には，イギリスの伝統的な思想の特徴がどのように受け継がれているか。

（1）歴史的背景

イギリスでは，産業革命によって工場制機械工業の大規模な工場が出現しました。そこでは多くの児童が働かされました。イギリスの公教育制度の成立への取り組みは，工場労働からの児童の保護によって開始されました。

産業革命とは，1760年頃から1830年頃のイギリスで発生した，機械や動力の導入による生産技術の大改革と，それによる工場制機械工業の発展です。産業革命は人々の生活に，次のような重大な変化をもたらしました。

①産業資本家階級の社会的地位の確立。

②資本の蓄積と国富の増大。

③大多数者からなる工場労働者階級の成立。

④農村から都市への人口移動による工業都市の形成。

⑤児童や女性の低賃金・長時間労働。

産業革命によって，物質的に豊かな生活が実現されました。後の高度な社会福祉実現への経済的基盤が確立されました。しかし，産業革命は家族生活の形態を大きく変化させました。それまでの農村では，子どもは大家族の中で大人たちと一緒に過ごし，仕事を手伝いながら農村に生きる農民として成長しました。それに対して，工業都市では，両親は工場で労働し，その間，子どもたち

は放置されるようになりました。そして、低年齢からの児童労働が出現すると、子どもたちは無教育状態になりました。

しかも機械労働は、低賃金で雇うことのできる女性や児童など、非熟練者による労働を可能にしました。そのため成人男子の失業・貧困を発生させました。子どもは教育を受けないまま工場で労働し、成人後に失業してしまうのです。酒やギャンブルに浸った貧困で不道徳な生活に陥ってしまいます。都市スラムが形成され、犯罪も多発しました。子どもたちも、そのような大人たちに囲まれて育ち、成長する環境はきわめて劣悪な状態となりました。

1800年代になって、児童労働に対して規制を加える法案、すなわち「工場法」が提案されます。「工場法」は数次の修正を経て改良されました。その間、庶民の子どもたちに対する教育は、国教会派の宗教団体が運営する学校で行われていました。しかし、1832年の選挙法改正によって産業資本家階級の政治参加が可能になりました。またそれらの学校はしだいに政府の統制下に移管されて、公教育制度の学校へと改変されます。そして20世紀初頭に公教育制度は完成しました。しかし、その後も、庶民の子どもを教育する学校体系と上流階級や中産階級の子どもを教育する学校体系は、複線的に併存したままでした。

（2）工場法制定による児童保護
■児童労働

工場における機械生産の導入により、従順で低賃金で使用できる子どもたちが工場で働くようになりました。5～6歳の頃から1日10時間以上もの間、働かされました。工場での児童労働の実態については、その苛酷さや劣悪さはそれまでの農村や工房で子どもが担っていた労働と変わらないという見解もあります。しかし、家族から切り離されているという点、また、技術的な熟練や人格的成熟が伴わないという点で、子どもの成長に関してはそれまでとは異なる条件に置かれました。児童労働によって、子どもは知的にも、道徳的にも、技術的にも教育を受ける機会が奪われました。

■世界初の工場法の制定

1802年、世界初の工場法「徒弟の健康と道徳に関する法律」が制定されまし

た。この法律では，次の点が定められました。[*1]
- 工場内の清潔・換気の維持，衣服の支給。
- 労働時間は12時間以下。夜間労働の禁止。
- 毎日曜にキリスト教原理を教授し，1か月に1回は教会に行かせること。
- 最初の4年間，工場内に設置された教室で，労働時間内で読書算の授業を受けさせること。

自由放任の経済思想が支配的である中，この法律は経済活動に対する政府の干渉だという，工場経営者からの抵抗もありました。それだけに，国家の責任によって，工場経営者に労働児童の教育に対する義務（教育条項）を課したことは，画期的な出来事でした。

■工場法の改正

工場法は，1819年，1825年，1833年と改正が重ねられます。1802年の工場法では，その適用対象が綿織物工場と毛織物工場でしたが，各種の工場に適用が拡大されました。1833年の工場法では，工場監督官制度が実施されました。また，次の点が定められました。[*2]
- 18歳未満の夜間労働の禁止。1日12時間，1週69時間への制限。
- 9歳未満の児童の雇用禁止（綿織物工場は除く）。
- 13歳未満の1日9時間，1週48時間への制限。
- 13歳未満の児童を1日最低2時間学校に出席させること。

このようにイギリスでは，子どもに対する教育の公的責任は，工場法によって国家が工場経営者に義務づけるという形式で開始されました。

(3) 教育を通じての社会問題発生の予防

■紡績工場での福利厚生への取り組み

オウエン（Robert Owen；1771-1858）は自らの努力で成功した工場経営者でした。そして，利己的な個人主義や資本主義を批判し，博愛心と相互扶助に基づく協同社会の理想を掲げて工場法の制定に尽力するなど，社会問題の解決を目

---

*1　江藤恭二ほか（編著）『西洋近代教育史』学文社，1979年，156-157頁。
*2　同書，157頁。

指しました。

　オウエンは，1800年からスコットランドのニューラナークで紡績工場の経営に当たります。その工場には，従業員とその家族を合わせて約1300人と，慈善施設から派遣された少年労働者が約500人いました。

　しかし，オウエンは，工場の周辺の生活が恐ろしく悪徳と不道徳に染まり，人々が飲酒と借金に溺れ，怠惰，貧困，不健康，犯罪という中で生活しているのをみました。オウエンは労働者に対する教育と生活環境の改善の必要性を感じました。オウエンは児童労働の就労年齢を引き上げるとともに，住宅改良，労働時間の短縮，医療施設の整備など労働者の福利厚生に取り組みます。また，1816年には工場内に性格形成学院を開設しました。昼間は労働者の子ども（5～10歳）を受け入れて教育しました。託児所（5歳未満）も開設されました。両親が工場で働いている間，子どもが放置されることがないように，また，両親も子どものことを心配せずに労働に集中できるようにしました。性格形成学院では，夜間には労働者たちを対象とした学習講座が開かれました。

■環境万能性格形成論と国民教育制度樹立論

　オウエンの教育思想には，次の特徴があります。

　第一に，環境万能性格形成論です。オウエンは，人間形成における環境からの影響を重視しました。どの子どもも，慈愛に満ちた知的な環境の中で育てば，健全な性格が形成されると考えました。労働者の子どもに幼年期からよい環境を与えて育てれば，勤勉で道徳的な性格を形成できると主張したのです。

　オウエンはこのような観点から，読書算の初歩を効率的に教え込むだけの助教制学校の不十分さを批判します。オウエンは，学院と託児所において，①無叱責・無罰の愛情に基づく教育，②直観教授・野外活動などの自発的な興味に基づく探究心の育成，③個性尊重，相互扶助・他愛心の育成，④全人教育など，後の新教育運動と共通する方針を採用しました。人間形成における環境の重要性を論じ，子どもを白紙と見なした点ではロックと共通します。しかし，労働者階級の子どもに対するまなざしは大きく異なっています。

　第二に，国民教育制度樹立論です。オウエンは，社会改良の手段として教育の必要性を訴えます。

教育を通じて国民に合理的な性格を形成することにより，犯罪や貧困を少なくすることができます。それにより犯罪や救貧への対策費を低減できます。また，工場での生産性を上げることができます。事実，オウエンは自らの工場において福利厚生を充実することにより，生産性の向上を実証しました。さらに暴力的な労働運動を減らして，社会の秩序を維持することができます。

　このような主張に対しては，資本主義的な効果の期待にすぎないという批判もあります。しかし，教育も含めて国民全体の福祉の実現を，宗教団体による慈善活動というボランタリズムにとどめるのではなく，国家の責任として要求したことは，歴史的に大きな転換を帰結させました。1800年代中盤のイギリスでは，それまでの自由放任の経済のもとでの小さい政府から，経済的弱者である大多数派の労働者階級の福祉を，国家の責任において実現していくという方向に政策が転換されます。

　公教育制度の要求には，国教会派とプロテスタント（中産階級）との間での人間形成の主導権争いという側面だけではなく，このように，国民福祉の実現に対する国家の責任の明確化という側面もあります。

（4）ボランタリズムによる民衆教育
■助教制学校と日曜学校

　イギリスにおいて，民衆の子どもの教育は，国教会系のイギリス知識普及協会などが運営する学校で，民間団体による慈善活動として行われていました。このような運営形態はボランタリズムと呼ばれていました。

　産業革命後，慈善学校は，大きく二つの種類に分かれます。一つは，工場で労働していない子どもを対象として，平日に開かれる学校でした。助教制学校と呼ばれる週日学校でした。もう一つは，工場労働に従事している児童を対象として日曜日に開かれる日曜学校でした。

　週日学校は，工場労働で両親が日中に不在の子どもを対象とし，子どもたちが無知・不信仰・道徳的退廃に陥ることの防止を目的としました。読・書・算の初歩，宗教，道徳を教えていました。国教会の牧師ベル（Andrew Bell；1753-1832）は貧民教育新興国民協会を，クェーカー教徒のランカスター（Joseph

Lancaster；1778-1838) は大英国および海外学校協会を結成しました。ベル派の学校には1830年当時，3670校に34万6000人が通っていました。[*3]

　日曜学校は，1780年に国教会派によって開設され，その後，1785年に超宗派の日曜学校協会，1803年に国教会派の日曜学校同盟が結成されて全国に普及しました。1833年当時，1万6828校に15万5000人が通っていました。[*4]

　しかし，いずれの学校も教育内容は貧弱で，子どもたちが不道徳や怠惰に陥らないように，そして勤勉で従順な労働者に育成することが主たる目的とされました。その点で，慈善学校については，階級的な社会秩序の維持を図るものだったという評価もあります。しかし，この教育の普及による識字率の向上は，その後，労働者たちの階級意識を形成しました。後のチャーチスト運動にみられるように，参政権など自らの地位改善要求を可能にしました。[*5]

■ベル-ランカスター方式（助教方式）

　週日学校は，民間の寄付金で運営され，常に資金不足の状態でした。このために少ない教師によって，多数の子どもを指導する必要に迫られていました。

　そこで助教方式という教授システムが考案されました。この方式はベルとランカスターによって，それぞれ別個に考案された類似した方式が統合されたもので，ベル-ランカスター方式とも呼ばれています。

　この方式では，教師によって，子どもたちの中から優秀な子どもが助教として選ばれます。教師はその助教の子どもに教える内容と方法を指導します。そ

---

* [*3] 前掲『西洋近代教育史』，160頁。
* [*4] 同書，159-160頁。
* [*5] 1832年の選挙法改正により，中産階級の選挙権は実現したものの，労働者階級には与えられないままだった。オコナーを指導者としてチャーチスト運動が起こり，「人民憲章」を掲げて選挙権獲得の運動が展開された。

　この運動では，労働者階級の自らの教育権が自覚され，その保障が政府に要求されていた。ラヴェット（William Lovett；1800-1877) は，1837年に「教育問題に関する労働者階級への提言」を著し，教育は「慈善としてではなく権利」であると，また「社会のものから生じる権利として公的に保障される」と主張し，その公的な実現を要求した。また，1851年の綱領には，国民教育が権利として位置づけられ，地域住民による設置，義務制，無償，世俗主義を原則とする公教育制度の実現が目指された。

　チャーチスト運動は，その後，オコナーが急進的な方向で進めたために弾圧を受けた。穏健派であったラヴェットは教育運動に専念した。

図1　助教（モニター）が子どもたちに教えている様子
出所：Lancaster, *The British System of Education*, 1812 より。

して，教師の監督のもとで助教の子どもは他の子どもたちに教えます。10人の助教を選び，10人の子どもに教えさせれば，1人の教師で100人の子どもを教授することができます。孫請け助教を設定すれば，教師→助教10人→孫助教100人→児童1000人を教授することができるわけです。

　確かに機械工場のようなシステム的な方式です。大量の子どもに効率的・画一的に教え込む方式です。また，競争や賞罰による動機づけや管理も採用されていました。しかし，運営資金が不足していた状況においては，子どもたちの識字率を高めるうえで，画期的な方式であったとみなければなりません。

（5）公教育制度の成立へ
■公教育制度の構想
　1800年代初頭の工場法の整備と並行して，非宗教的義務教育の必要性が論じられ始めました。この時期はプロテスタントである中産階級の政治参加への要求が高まっていました。ホイッグ党員のブルーム（Henry Brougham；1778-1868）は，ランカスターやオウエンの活動を支援し，貧民教育について調査しその必要性を認めました。1820年，「イングランドおよびウェールズにおける

第5章 近代公教育制度と教育論

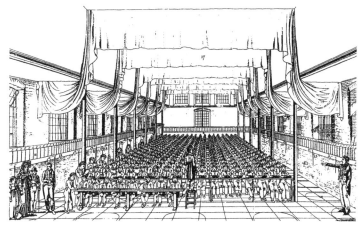

図2 助教制学校（モニトリアルシステム）の教室での授業の様子
出所：内外学校協会〈B.F.S.S.〉の1837年版マニュアルより。

貧民教育改善法案」を提出しましたが，保守派に反対されて撤回しました。

1832年の改正選挙法で中産階級の政治参加が実現しました[*6]。1833年，ローバック（J. A. Roebuck；1801-1870）は「全人民の普遍的国民教育」案を提出しましたが，否決されました。代わりに保守派による民間教育団体への補助金制度が可決されました。そこでは民衆教育は，伝統的なボランタリズムに任せるという原則が確認されていました。そのようにして，保守派は，国教会派による民衆教育に対する主導権を確保しました。しかし，民衆教育に国家が資金を提供するという点は，国家による関与への道を開くものとなりました。

■金も出すが口も出す

民間教育団体への国庫補助金は徐々に増額されます。それに伴いその使用を監視することが必要になりました。1839年，そのための機関として枢密院教育委員会が設置され，その初代教育局長にケイ・シャトルワース（Kay

---

*6 1832年の選挙法改正で商工業者を中心とする中産階級が選挙権を得た。この時期になると中産階級も，資本主義社会の維持・発展のためには民衆の教育が必要であると認識していた。そのような政策案の作成と実施のための行政官として，ホイッグ党（自由党）の政府から期待されたのがケイ・シャトルワースだった。

Shuttleworth；1804-1877）が就任しました。ケイ・シャトルワースは宗派運営の学校への国庫補助金の支出の条件として，政府による学校査察権の確立を目指しました。保守派や国教会派からは強い抵抗がありましたが，交渉の末，政府による学校への視学制度を成立させました。これにより教育水準の維持に関して，民衆教育の学校への政府の監督的な関与が可能になりました。

■1870年初等公教育法の成立

プロテスタントを中心とする中産階級や自由主義者たちは，1850年「全国公立学校協会」を結成し，すべての子どもを対象とした公費運営の無償の学校の設置を要求しました。しかし，保守層や国教会派は，1858年「ニューカッスル委員会」を設置して，公教育制度は個人の権利を侵害するという見解を表明しました。

1867年に自由党政府が成立すると，教育局副委員長のフォースター（W.E. Forster；1818-1886）は，プロテスタント派の「全国教育者同盟」と国教会派の「全国教育者連合」との間の意見調整に努めました。そして，「イングランドおよびウェールズにおける初等公教育を提供する法律」が公布されました。

この法律は，次の３点を柱とするものでした。

- 全国に学区を設定し，学区には公選の「学務委員会」を設置し，学校に関する行政にあたらせる。
- 国家補助金の不足分は地方税によって賄う。
- 学務委員会は５～13歳の子どもに対する出席義務を求める権限を有する。

＊７　ケイ・シャトルワースはイギリス公教育の父と呼ばれている。彼は，貧民地区の医師として社会活動を開始した。社会秩序の安定のためには労働者階級への教育が必要だと主張し，労働者階級の子どもの就学を支援する貧窮法の制定に努力した。1839年に枢密院教育局長への就任後は，公教育の実現に向けて，視学官制度の成立など，国教会派との綱引きの中で，漸進的に公教育制度の整備に取り組んだ。ケイ・シャトルワースは，子どもに対する親や教会の責任は認めつつも，それらが十分に役割を果たせない場合には，国家がその役割を果たす責任があると主張し，国庫補助金の支出対象校に対する政府による監督権を主張した。

　また，国立の師範学校の設立を計画し，非宗教機関による世俗主義に基づく教員養成を構想した。しかし，国教会派の強い反対で実現せず，私費でバターシー師範学校を開設した。この師範学校は，ペスタロッチ主義に基づき，貧民教育の社会的重要性を理解し，使命感ある教員の養成を目指し，イギリスにおける師範学校のモデルとなった。

第**5**章　近代公教育制度と教育論

　このようにして，学務委員会という，公的な非宗派組織によって学校を管轄・監督する制度が成立しました。

■制度的完成

　1870年の初等公教育法は，その後，1876年，1880年，1899年，1902年，1918年と改正されます。義務制は1880年に確立し，完全無償は1918年に確立します。1899年に中央教育局が，1902年に地方教育局が設置され，教育行政に対する公的監督，すなわち宗教的中立が完成します。このようにイギリスの公教育制度の成立は，その政治制度の民主化の過程と同様に，漸進的改良的に進められてきました。

❖ 読書案内

　　井村元道『英国パブリック・スクール物語』丸善，1993年
　　梅根悟（監修），世界教育史研究会（編）『世界教育史体系8　イギリス教育史Ⅱ』
　　　講談社，1974年
　　小池滋『英国流立身出世と教育』岩波書店，1992年
　　白石晃一・三笠乙彦（編）『現代に生きる教育思想2　イギリス』ぎょうせい，
　　　1982年
　　柳治男『〈学級〉の歴史学』講談社，2005年

● *Column 6* ジェームズ・ミル——不幸を救済することに対する政府の責任 ●

　ジェームズ・ミル（James Mill；1773-1836）は，ジョン・スチュアート・ミル（John Stuart Mill；1806-1873）の父親です。またベンサム（Jeremy Bentham；1748-1832）など「哲学的急進派」の中心人物です。1800年代前半，商工業者など中産階級の立場から公教育制度成立を目指しました。

　1800年代序盤，中産階級は地位を確立し，選挙権の獲得を求めました。そこに新たに工場労働者が一つの階級として成立しました。保守層は，国教会派の慈善団体による民衆教育を通じて労働者階級を支配しようと，他方，中産階級は，労働者階級を味方にしようとしました。ミルなど中産階級が国家による公教育制度を要求した背景には，国教会派と労働者階級を分断する意図がありました。

　ミルは，何が自分にとって好ましいのかを判断する快楽計算を幸福の実現のための知性の技術であると考えました。その技術は，すべての人間が習得可能であり，かつ習得する必要があると述べました。それを習得しないと，他人の意志に支配され，その隷属のもとに置かれるからです。すべての国民にそのような知性の技術を習得させることを主張したのです。

　そして，そのような教育を，国家による非宗教的な教育を通じて実施することを目指しました。しかし，国家が，知性の技術を教育せずに，逆に非民主的な専制政治に従うような教育を行った場合，ミルは，それに抵抗するために出版や言論の自由が大切であると述べています。公教育を通じて読書算の能力を育て，そのうえにこれらの自由が保障されることにより，政府に対する抵抗権が担保されるのです。ミルは抵抗権の行使力の保障という観点から，公教育の必要性を述べたのです。

　1700年代のイギリスでは，個人の幸福追求に政府は関与すべきではないと考えられました。その時代，幸福追求は財産の獲得であり，経済活動の自由を意味しました。しかし，1800年代になり，大多数の労働者階級の生活が貧困化し，社会的不安定が問題化すると，不幸からの救済という目的による，私的領域への政府の介入の必要性が主張されたのです。

　この点で，ミルなどの哲学の急進派が要求した公教育制度は，人間形成という私的領域への国家の介入を積極的に認める政策です。それは個人の幸福追求の権利を保障するために必要な介入だと考えられました。

　また，ミルは，宗教的中立を原則とし，近代的実学を内容とするロンドン大学の開設にも尽力しました。

3 ドイツ
――国家統一への願いと「上からの」近代化――

> **Question**
> ①ドイツの近代の歴史はどのように展開したのだろうか。フランスやイギリスと比較してどのような特色を見出すことができるか。
> ②ドイツロマン主義とは，啓蒙主義思想と比較して，どのような特徴をもつ思想運動だったのか。また，それはドイツのどのような政治状況と関連していたのか。
> ③ドイツの近代の教育思想には，どのような共通する特質を見出すことができるか。

(1) 歴史的背景

ドイツは1700年代後半，イギリスやフランスと比較して後進国でした。

第一に，三十年戦争（1618～1648年）により国土が荒廃しました。三十年戦争は，当初は，神聖ローマ帝国内のプロテスタント諸邦とカトリック諸邦との間での争いでした。しかし，やがて周辺の各国が加わり，ドイツを舞台に西ヨーロッパの覇権を争う戦争となりました。

第二に，約300の小領邦に分かれたままで，中央集権的な国家統一は未完成でした。このために商工業者が未成熟で産業革命が遅れていました。

1700年代後半になり，プロイセンとオーストリアが台頭します。両国では国王主導で近代化が進められます。また，1800年代初頭のナポレオン軍占領とそれによるプロイセン改革を契機に，国民の間にドイツの国家統一を目指す意識が高まります。ドイツにおける自由主義者たちの目標は，民主化だけではなく，ドイツの国家統一という国民国家の成立にも向けられました。そのためにドイツロマン主義という，人々の有機的な結びつきを強調する思想が生み出されました。ドイツの公教育制度の成立過程は，「下からの」ドイツの国家統一の要求と「上からの」近代化政策という，二つの視点から描き出すことができます。

（2）啓蒙専制君主による臣民教育

■世界最初の国家による民衆学校

プロイセンでは，フリードリヒ・ヴィルヘルム1世（在位1713～1740年）によって絶対王政が確立しました。ヴィルヘルム1世は，1717年，民衆学校への就学を勅令で義務づけました。国家によって設置された世界初の民衆学校です。この学校は授業料を徴収し，登校も週に少なくとも1～2回程度でした。しかし，不就学の親への罰則規定もありました。その後，1736年には，学校の設置と管理が村落組合に命じられ，国家による民衆学校は広がりました。

国家の近代化＝富国強兵には，国民の教育が必要であると考えられたのです。

■フリードリヒ大王の近代化政策と教育

フリードリヒ大王[*1]（在位1740～1786年）は，啓蒙専制君主と呼ばれています。「朕は国家第一の僕である」と，国王が先頭に立って国家の近代化に努めました。そのようにして「上からの」近代化を強力に推進しました。

1763年に施行された「一般地方学事通則」では，開校期間，授業時数，授業料，就学義務，教員，教育課程などについて定められました。世界初の本格的な初等教育令です。大王は，師範学校も設置して，免許状と試験による任用制度を定めました。中央集権的な教育制度を整備しました。

このような民衆に対する教育は，絶対王政のもとで国家の近代化を推進するための忠良な臣民の育成を目的とするものでした。産業の育成と強力な軍隊の設置のためには，一定の知的水準を有し，しかも上からの命令通りに従順に動く臣民の育成が必要だったのです。

（3）プロイセン改革期の国民教育構想

■シュタインとハルデンベルクによる改革

1806年の対ナポレオン戦争での敗北により，プロイセンの絶対王政は終了し

[*1] 国内の産業が未発達だったため，農民の保護，産業の育成，軍備の強化など，中央集権化・近代化を自ら先頭に立って推進し，その開明性から啓蒙専制君主と呼ばれた。ヴォルテールなど啓蒙思想家とも交流し，フランス文化を浸透させた。オーストリアのマリア＝テレジア（在位1740～1780年），ロシアのエカチェリーナ2世（在位1762～1796年）も啓蒙専制君主として評価されている。

ます。そして，ナポレオン軍の占領のもと，シュタインとその後継者のハルデンベルクによって，自由主義的な改革（プロイセン改革）が実施されました。そして，農奴制の廃止，都市自治制度の制定，ツンフト制度の廃止による営業の自由の確立など，近代化を阻んでいた中世的な制度が廃止されました。

しかし，この改革はナポレオン軍の占領下で実現したものであり，この点からも「上からの」近代化であったことは否定できません。

■ドイツの国家統一運動の発生

ナポレオン軍による占領によって，フランスの自由主義思想が流入するとともに，他方で，人々の間にドイツの国家統一への要求が高まり，独特の愛国心が生み出されました。その愛国心は，文化面でのドイツ的な共通性に向けられ，人々の連帯感の覚醒に重点が置かれました。つまり，同じ文化の共有に基づく国民としての自覚と連帯を訴える運動でした。文化の共有という事実が，それを共有している人々による国家統一の要求の正当性を示す論拠とされたのです。ドイツにおける自由主義運動は，市民の側からの国家統一の要求でもありました。

哲学者のフィヒテは，ナポレオン軍が占領するベルリンで『ドイツ国民に告げる』という愛国的な連続講演を行いました。その講演で，フィヒテはドイツ文化の優秀性を強調し，人々が利害を乗り越えて，共通の道徳的理想のもと国家統一を果たすことを主張しました。

この後，ドイツでは，ドイツロマン主義の思想が展開します。一つの大きな全体の中で，人間も含めてあらゆる存在が有機的・相互関連的に結びついているという世界観を特徴としています。このような特徴をもつ思想は，「下からの」ドイツの国家統一の要求と重なるのです。

> われわれは，新しい教育によって，ドイツを一つの全体にまで統一し，この，ただ一つの全体を通じてのみ，各自が行動し，生活するようにしようではありませんか。
> 　　　　　　　　　　　　　　　　　　　　　　　（『ドイツ国民に告げる』[*2]）

＊2　フィヒテ，椎名萬吉（訳）『ドイツ国民教育論』明治図書出版，1976年，23頁。

■フンボルトとジュフェルンによる国民教育構想

フィヒテは、ドイツの国家統一のために、すべての子どもを対象とした国民教育が必要であると主張しました。また、この時期に文部大臣となったフンボルト[*3]は、「単一にして不可分のドイツ」を目指して教育改革に取り組みました。そして、中央集権的な教育行政を改革し、ペスタロッチ主義に基づく初等教育制度の採用を目指しました。フンボルトの考え方は、ジュフェルン（J. W. Süvern；1775-1829）によって1819年の「プロイセン学校制度に関する法案」としてまとめられます。

この法案では、すべての国民を対象とした、普通初等学校、普通都市学校、ギムナジウムという単線型の学校制度による公教育制度が構想されました。この構想では、教育の目的は、すべての人間が有する全人的な能力の豊かで調和的な開花、すなわち「一般的人間陶冶」に求められました。そのような観点から、階級ごとの特定の職業的な準備ではなく、子どもが共通に有している能力の総合的で調和的な発達が目指されたのです。そして、普通初等学校、普通都市学校では、ペスタロッチ主義が採用されました。

ジュフェルン教育法案では、「公立普通学校」について、「一般的人間陶冶を目的とし、公費によって維持され、公の監督を受け、かつすべての者に公開される学校」と規定されています。この法案では、すべての子どもを対象として共通の教育を行う国民教育のための制度、すなわち公教育制度が構想されました。しかも、理想的なものを自己の内面に取り入れて成長するという、すべての人が所有している能力の開発（一般的人間陶冶）を、身分の区別なく目指すものでした。

---

*3　フンボルトは言語学者だった。フンボルトによれば、文化は言語によって形成され、個人から独立して存在しており、他方、人間個人は言語を使用して自分の思考や感情について反省する。このように言語は世界と個人を結びつけており、個人は言語によって世界に参入するとともに、それによって個人の精神が形成される。したがって、ある言語によって形成されている文化には、その言語を使用する人々の固有精神が共通に表現されており、また、ある言語を使用する人々は、その文化に参入・共有して、その言語を使用する人々と一体に結びついている。このような観点から、フンボルトはドイツ語を話す人々の精神的・文化的な一体性を論じ、ドイツの国家統一を唱導した。

（4）ドイツの国家統一と公教育制度の成立

■ウィーン会議後の反動期から三月革命へ

　プロイセンは1813年のライプチヒでの諸国民の戦いに勝利して，ナポレオン軍占領から解放されます。しかし，ウィーン会議後の反動体制により，「プロイセン学校制度に関する法案」は廃棄されました。自由主義運動も弾圧されました。ペスタロッチの晩年，フレーベルの幼稚園運動はこの時期に重なります。

　1848年，ベルリンで発生した暴動（三月革命）により自由主義内閣が成立し，フランクフルト国民会議が開催されました。保守派は早急に欽定憲法を制定して対抗しました。そこには，学問と教授の自由，受教育権の保障，国家による公立国民学校の監督（世俗化）や維持費用負担，授業料の無償などが規定されていました。しかし，1850年以降の再反動期には，1854年の「三規程」（「ラウマーの反動三条令」とも呼ばれる）によって，近代的教科は縮小され，キリスト教の暗記教材中心の教育課程に変更されました。キリスト教の信仰心の涵養に基づく臣民教育へと逆行しました。

■ドイツの国家統一とビスマルクの教育政策

　ドイツの国家統一は，プロイセン中心の小ドイツ主義と，オーストリアを中心とする大ドイツ主義とが対立しました。プロイセンの宰相ビスマルク（Otto von Bismarck；1815-1898）[*4]は，普仏戦争に勝利した後の1871年，プロイセン王ヴィルヘルム1世（在位1861～1888年）を皇帝とするドイツ帝国に統一しました。

　ビスマルクは，近代化推進のために商工業者層の「上からの」保護と育成に重点を置きました。また，近代化推進のうえで，教育に対する国家の支配権を強固にする必要性に気づきました。そのためにカトリック勢力を抑圧する文化闘争を展開します。ビスマルクの教育政策は，その一環として実施されました。1872年に「学校監督法」と「一般諸規定」が定められます。

＊4　地主貴族層（ユンカー）出身でヴィルヘルム1世のもとで宰相を務めた。国内の鉄鋼業を中心とする工業を育成して軍需産業を育て，また，参謀本部制による近代的な軍隊を構成した。そして，対デンマーク戦争，普墺戦争に勝利し，1867年に北ドイツ連邦を結成した。そのような「鉄血政策」によってドイツの国家統一を果たした。小領邦を統一しての近代国家への転換は，同時期に明治維新を遂げたわが国が直面していた課題だった。その点でドイツはわが国の明治政府にとって学ぶべきモデルと見なされた。

「学校監督法」では，学校からカトリック関係者を追放し，学校を国家の監督下に置くことが定められました。1876年の宗教に関する訓令では，教会による学校の支配は不可能になりました。「一般諸規定」は，国民学校と中間学校の組織等，王立師範学校の入試，教育課程，教員・校長試験などに関する規則です。学校教育に関係する制度が総合的に示されています。国民学校に関しては，教室の規模や設備，教具教材について規定され，また，教育課程では，宗教が週4時間であるのに対して，ドイツ語8〜11時間，計算4時間，実科（地理，歴史，自然，博物）6時間と，近代的な教科内容が中心になりました。無償は1878年の国庫補助法で完全に実現されました。

❖ 読書案内

天野正治（編）『現代に生きる教育思想5　ドイツ（Ⅱ）』ぎょうせい，1982年
飯田洋介『ビスマルク』中央公論新社，2013年
梅根悟（監修），世界教育史研究会（編）『世界教育史体系12　ドイツ教育史Ⅱ』
　　講談社，1977年
金子茂（編）『現代に生きる教育思想4　ドイツ（Ⅰ）』ぎょうせい，1981年

● *Column 7* バセドウ——汎愛派の教育思想と運動 ●

　1700年代後半のドイツでは，フリードリヒ大王の近代化政策のもと，都市の商工業者など中産階級や農村の上層農民など，新たな階層がようやく形成され始めました。イギリスやフランスの啓蒙主義思想も流入しました。そのような中，ロックやルソーなどの先進的な教育思想に基づいて，新たな教育実践を展開する汎愛派と呼ばれた人々が現れました。

　バセドウ（John Basedow；1720-1790）は，商業都市ハンブルクで育ち，「愛国者協会」のメンバーになりました。啓蒙主義思想の影響を受けて，健全な商工業者としての市民的な道徳や文化の普及を目的とする団体でした。

　バセドウは，家庭教師時代，ラテン語の単語や文法を暗記させるだけの教育法に疑問を抱き，実際の事物を使用して直観による教授に取り組みました。また，市民的な道徳の強化という観点から，宗派的な視野の狭さの中に人々を閉ざしている既存のキリスト教を激しく批判しました。バセドウは，市民的な道徳としての正しい信仰を主張したのです。そして，新しい時代に生きる市民の育成という観点から，バセドウは学校監督権を教会から国家に移管する『提言』を著しました。

　イギリスやフランスからの啓蒙思想の影響のもと，バセドウが目指した人間は，自らの力で自らの人生を切り開いていこうとする商工業者でした。そのような市民としての知性と道徳性を備えた実践的な人間でした。

　バセドウは，1774年に，汎愛学院を開設します。小規模での出発でしたが，カンペ（J. H. Campe；1746-1818）の努力により発展しました。汎愛学院は，自立した商工業者の育成を目的とし，直観教授，体育の重視，農耕・手工の採用など，市民社会に生きる教育が行われました。

　しかし，バセドウは，短気で攻撃的で，また，自己顕示欲が強く自己中心的な性格であったと伝えられています。経営者や運動のリーダーには不向きだったようです。カンペによって経営は軌道に乗ったものの，間もなくカンペは学園を去ります。優秀な教師たちも次々と去り，学園は1793年に閉鎖されました。

　その後，カンペはハンブルクに，ザルツマン（C. G. Salzmann；1714-1811）はシュネッペンタールに汎愛学院を設立し，トラップ（E. C. Trapp；1745-1818）は，実験的な児童観察法を考案しました。

● ***Column 8*** 　ケルシェンシュタイナー――公立学校での教育改革の展開 ●

　統一後のドイツでは，工業が発展し，労働者の増大から社会運動が激化しました。1890年代，社会的対立の安定が重要な課題でした。

　ケルシェンシュタイナー（Georg Kerschensteiner；1854-1932）は，ギムナジウムの教師時代，理科において教室外での観察や採集，グループでの実験など，新教育運動の先駆けとなる授業改革に取り組みました。1895年からはミュンヒェン市の視学官になり，学校教育の改革を行いました。

　一つは，国民学校の「実科」の改革でした。ケルシェンシュタイナーは，ヘルバルト派の「情操科」を中心とする教育課程ではなく，子どもの身の回りの自然や生活に対する興味に基づく探究を中心とする教育課程を編成することを主張し，「世界科」を設置しました。

　ケルシェンシュタイナーは，当時の学校について，「事物の影を相手にする」だけの，「敷かれたレールの上を走る危なげない」授業をしていると批判します。ケルシェンシュタイナーは，子どもたちが興味に基づいて探究できるように，学校内に工作室，実験室，学校園，水槽，飼育小屋，鳥かごなどを設置し，調理，木工・金工，物理，化学，図画などの教科の授業を実施しました。

　もう一つは，実業補習学校の改革です。実業補習学校には国民学校を卒業した大部分の子どもが進学しました。そこでは国民学校に続き，「一般的人間陶冶」の深化が目指されていました。しかし，急速に工業化された職業界に対応する能力を育成する体制への転換が必要とされていました。

　そして，「一般的人間陶冶」の側面も尊重しつつ，実業補習学校を職業別に再編成し，工作室での実践的労働を中心とする授業に改革しました。

　さらに，そのような学習活動を公民教育と関連させました。学校を生徒たちの労働共同体，すなわち「労働中心の学校」として組織することです。それは，手を使うだけではなく精神を働かせること，身の回りの日常的な生活世界と結びつくこと，共に学ぶ仲間と相互に助け合うことに溢れた学校です。

　このように学校での生活を，人々が労働を通じて有機的に結びついて協同的に生活している社会の小型版にすることを目指しました。この点で，ケルシェンシュタイナーも人々を有機的に結びつける関係性の重視という点で，ドイツ的な思想の伝統を継承しているといえます。

4 アメリカ
――実務的人間および民主主義の人民の育成――

> **Question**
> ①植民地時代には，どのような教育が行われていたのか。また，それはどのような人間観に基づくものであり，アメリカ人の精神にどのような影響を及ぼしたのか。
> ②独立前後から，アメリカ社会はどのように変化し，どのような能力を有する人間が求められるようになったのか。また，それに対応するために教育についてどのように考えられるようになったのか。
> ③アメリカの公教育制度はどのような理念と制度のもと，どのような経過で誕生したのか。

（1）歴史的背景

アメリカは，1776年に独立宣言をしました。フランスやイギリスなどヨーロッパ各国と比較すれば，その歴史は浅いものの，現存する最古の共和国，すなわち国民によって統治される形態の国家であることを誇りとしています。

アメリカでは，1620年のピルグリム＝ファーザーズと呼ばれるピューリタンが，イギリスからメイフラワー号で渡航してきたことが，建国の原点とされています。ピルグリム＝ファーザーズは，アメリカに自分たちの理想に基づく新しい共同社会を建設するという，明確な目的をもって入植したからです。

その後，アメリカは，独立戦争，南北戦争，急速な工業化などを経て，約300年後の第一次世界大戦後に世界の最強国になりました。

民主主義は，イギリスでは「改革」を通じて，フランスでは「革命」によって，ドイツでは「上から」達成されたといわれます。アメリカの場合，改革したり打倒したりすべき旧体制がなかったため，国家も民主主義も新たに人々の努力によって「創出」されました。

（2）植民地期の教育

■ピューリタン共和国の理想

　ピューリタンとは，プロテスタントのカルヴァン派信徒で，イギリスにおいて宗教改革の徹底を要求した人々です。イギリスではエリザベス1世（在位1558～1603年）の没後，スコットランドからジェームズ1世（在位1603～1625年）が国王として迎えられました。富裕農民や商工業者を中心とするピューリタンは，ピューリタン信仰の強いスコットランドから来た新王に期待を寄せました。しかし，新国王は，逆に国教会と結んで専制を強化しました。このことが後のピューリタン革命へとつながります。このときにピューリタンの一部が，信仰の自由を求めて，メイフラワー号に乗ってオランダ経由で新大陸へと移住したのです。

　メイフラワー号に乗ってきた人々は，アメリカ大陸での生活に，単に信仰の自由を求めただけではありません。船内で，自分たちで政府を組織し，法律を作り，それを尊重する契約を結びました。新しい国家の建設を目指したのです。ピルグリム＝ファーザーズが目指した国家は，自分たちが運営する自治的な国家でした。この点では王権を否定した共和国でした。しかし，その内実は，ピューリタンによる，ピューリタニズムに基づく，一種の信仰共同体でした。ピューリタニズムの信仰に基づく宗教的な国家だったのです。

　ただし，プロテスタントの教会は，信徒たちによる自治的な運営が目指されていました。ここがカトリックの教会との相違です。信徒はそれぞれ神と直接的に結びついており，教会は信仰を同じくする人々の共同体でした。牧師は教会員の信仰上のリーダーでした。ピューリタンには，特にこのような考え方が強く，このことがヨーロッパでは，王権を否定して市民革命を推進する原動力となりました。他方，アメリカでは，コミュニティのタウンミーティングの原型となり，アメリカの民主主義の伝統的な形態となりました。

　その後，マサチューセッツ植民地はピューリタニズムの宗教的理念に強く依拠して運営されました。それに対して，政教分離を主張する人々やクェーカー教徒などが，それぞれロードアイランド植民地，コネチカット植民地，ペンシルヴェニア植民地などを，次々に分離して設置しました。

第5章　近代公教育制度と教育論

■入植地における教育

　プロテスタントにとって，聖書は神の言葉が書かれたものです。聖書は神と直接的に結びつくための媒体でした。ですから，聖書を自ら読めることは，プロテスタントにとって信仰上の大切な条件でした。また，自治的な生活を運営するうえでも，法律などの文章を読めることは，生活上の必須の条件でした。このため入植者たちは子どもの教育に熱心でした。

　入植後から間もない1642年，マサチューセッツでは最初の教育法が施行されます。両親や徒弟を使う親方に子どもに対する教育義務が課せられました。そして，1647年の教育法では，50家族以上の町には小学校を，100家族以上の町にはグラマー・スクールを設置することが定められました。マサチューセッツ教育法は，アメリカの公教育制度の原点とされています。しかし，無償ではなく，また，教会の管理下に置かれた宗教色の強い教育でした。

　その後，同様の学校は他の植民地にも広がりました。中等教育機関であるグラマー・スクールも増えていきました。ハーヴァードをはじめとするカレッジも，各宗派の牧師を養成する必要性から誕生しました。

■ピューリタニズムとその教育

　商工業者たちにピューリタニズムが受け入れられたのは，カルヴァン（Jean Calvin；1509-1564）が世俗的な職業を神が与えた召命であると説いたからです。実力を蓄えつつも差別されてきた商工業者にとっては，ありがたい説でした。

　また，カルヴァンは，救われる人を決めるのは神の専権だと説きました。免罪符の購入のみならず，善行や祈りさえも救済の条件にならないのです。神は，特定の人々を救済対象者として選び，その人と契約を交わすのです。そして，その人は，神との契約に基づいて勤勉に努力して困難に打ち勝ち，地上での神の楽園の建設に努める義務を負います。職業的な成功はその証拠と考えられました。禁欲的に勤勉に努力できる能力，困難に打ち勝って進む意志の強さが，救済される人であることを自ら証明するために必要とされる資質なのです。

　また，人間は原罪を負っていると考えられました。そして，神と契約を結んだ人だけが罪を赦されるのです。それが「回心」の体験です。教会の会員にな

るには,自らの「回心」の体験を聖書の内容に基づき,矛盾なく語らなければなりません。聖書の内容を理解するためにも教育が必要とされました。

したがって,子どもたちに対するピューリタンの教育は不寛容で厳格でした。子どもの我儘やふざけは,子どもらしい無邪気な感情の発現であったとしても,一切許されませんでした。大人たちの生活にも娯楽はなく,子どもたちにも娯楽のような遊びは禁止されました。親たちは,自分の子どもが救済される人間であること,すなわち勤勉に努力する人間であることを願いました。堕落した人間では救済されません。またそのような人間は,ピューリタンの社会では成員として認められません。このため親は,子どもに少しでも堕落につながるような我儘やふざけがみられた場合には,「鞭を惜しまずに」体罰を行使してでも,子どもたちを厳しく矯正しようとしました。

学校でも同様でした。子どもたちは教理問答,詩篇,賛美歌などを使用して読み書きを学びました。教科書には,堕落して地獄に落ちる恐怖を教える内容もありました。たとえば,当時,ニューイングランドの学校で使用されていた教科書『ニューイングランド・プライマー』では,Aの文字は,「アダムの罪により,われわれはみな罪を犯した」という例文で教えられました。

(3) 独立期における新たな教育の必要
■実務家養成の必要性

1700年代になると,人々の生活から宗教的色彩が薄れました。また産業が発達し,商工業者,行政官,法律家などの養成が必要とされました。そのようにして,実学を中心とする中等教育が要求され始めました。古典的教養を中心とし,牧師養成のための大学進学を前提としたグラマー・スクールではなく,現代語(英語)で授業が行われ,商業諸科目や数学,現代外国語などを教える中等教育機関の設立の動きが現れました。

フランクリン(Benjamin Franklin;1706-1790)[*1]は,1749年,「ペンシルヴェニアにおける青少年教育に関する提案」で,実学中心の中等教育学校(アカデミー)の設立を提案しました。そして,1751年にフィラデルフィアにアカデミーを開校し,実学を中心とする「英語部門」と大学進学の準備を中心とする

「ラテン語部門」を設置しました。しかし，学校の評議員や教師たちは，フランクリンの意図を十分に理解しませんでした。学校の設立に寄付した人々や参加した教師たちは，古典的な教養主義から抜け出せなかったのです。このため「ラテン語部門」が偏重され，「英語部門」の教師の待遇が差別されました。しだいに「英語部門」は立ちゆかなくなってしまいました。

　自己信頼と独立自尊の中産階級を中等教育の学校で育成するというフランクリンの構想はうまくいきませんでした。しかし，フランクリンの目指した中等教育は，その後，ハイスクールの設置運動に受け継がれます。

■民主主義を支える人民の育成

　ジェファーソン（Thomas Jefferson；1743-1826）は，「独立宣言」[*2]の起草者，第3代大統領，州の権限の優先を確保したリパブリカンとして知られています。建国の父祖の一人です。

　ジェファーソンの教育に関する思想と構想は，二つの時期に示されています。

　一つは，ヴァージニア州知事時代の1779年に提出された「知識の一般的普及に関する法案」です。これは公費によって運営される初等教育学校の設置に関する提案でした。ジェファーソンは，民主主義が適切に運営されるためには，人々の知的能力の発達の保証，および能力のある人がリーダーになれるシステムが必要だと考えました。このことによって人々の福祉が実現されると考えま

＊1　典型的な独立自営のアメリカ的模範人といわれている。実業家，科学者，外交官と全人的な活躍をした。印刷工として働きながら，独学でヨーロッパの啓蒙思想を学んだ。17歳のときフィラデルフィアで印刷会社を興し，勤勉誠実に事業に取り組み財産を築いた。フィラデルフィアでは，消防組合の設立，公営図書館の設置，道徳団体の運営など，私財を使って社会奉仕に努めた。フランクリンが出版した「貧しいリチャードの暦」（1732年）には，勤勉な生き方を推奨する格言が添えられており好評だった。また，アメリカ独立戦争時には，外交官として1776年にフランスに渡り，フランスを参戦に踏み切らせ，イギリスに対する後方からの牽制を得ることに成功した。また，独立宣言の起草委員となり，さらに，1783年には，アメリカ政府代表の一人として独立承認のためのパリ条約の締結に参加した。

＊2　アメリカ独立宣言

　「すべての人は神により平等に創られ，人々のもつ生命，自由，幸福追求の権利は，他人に譲ったり，奪われたりすることのできない天賦の権利である。これらの権利を確保するために，人々の間に政府が設立され，その正当な権力は治められる者の同意に基づかなければならない」。

した。そのような観点から，能力がありながらも経済的な事情で教育を受ける機会を逸してしまう人をなくすことを主張しました。それは社会的損失だからです。進学のための奨学制度の設置について論じました。

　ジェファーソンは，民主主義の運営という観点から，すべての人に初等教育の機会を提供する必要性を論じました。この提案は財政的な事情から実現されませんでした。しかし，州レベルでの公教育制度の初の提案となりました。

> *実際問題としては，大多数の子どもたちは，将来有望な才能をもちながらも，自費でもってはこのような教育を受けられない状態にある。このような子どもたちを探し出して，公費で教育を受けさせてやることが，すべての人々の幸福を，愚かな不正な人々に任せておくよりは，よほど良いことである。*
> 　　　　　　　　　　　　　　　　　　　　　　　　（「ジェームズ・マジソンへの書簡」)[*3]
> *私が特に希望したいのは，一般人民の教育の問題である。なぜならば一般人民の良識のうえにこそ，われわれはほど良い自由を確保できるからである。*
> 　　　　　　　　　　　　　　　　　　　　　　　　（「知識の一般的普及に関する法案」)[*4]

　もう一つは，大統領任期後の1814年に「ピーター・カー宛の書簡」に示されました。実学中心の初等・中等・高等教育計画でした。有能な実務家を，小学校から大学まで，系統的に養成する教育計画でした。実務家の養成を高等教育まで行おうとする計画です。ここでも，教育を通じて能力のある人をリーダーとして育てる必要性が論じられています。アメリカの発展に必要とされる有能な実務家を，国民の中から教育を通じて選抜することが民主主義であり，有能な実務家を養成することが時代的な課題だったのです。

　この提案は，1825年，ヴァージニア大学の開設によって，一部のみ実現しました。ヴァージニア大学は州立大学で，能力のあるすべての人に開放されました。実学中心の学科から編成され，宗教的に中立の大学でした。ハーヴァード大学などの伝統私立大学の目的が各宗派の牧師養成であったのに対して，新しいタイプの大学として誕生しました。

＊3　市村尚久（編）『現代に生きる教育思想1　アメリカ』ぎょうせい，1981年，55頁。
＊4　同書，62頁。

第5章　近代公教育制度と教育論

　独立期には，民主主義の建設と国力の発展のために，すべての人々に実務的な能力を高める機会を提供する必要性，また，人々の中から能力ある人をリーダーとして選抜するという課題から公教育制度が構想されました。

> 初等教育の目的は次のようである。すべての人民に対して彼ら自身の仕事を処理するに必要となる情報を与えることである。書き方を学ぶことによって，彼らが自分の考えや契約書や簿記を書くことができるようにしてやること。読み方を学ぶことによって，彼らが自らの道徳心や能力を改善し，隣人や国に対する任務を理解し，これらの任務を十分に果たすこと。自らの権利を知り，秩序と公正なる心をもって行使すること。
> （「ヴァージニア大学の用地確保のために任命された委員会の報告書」）[*5]

（4）公教育制度の整備とアメリカ社会の発展

■コモン・スクールの設立

　ヨーロッパ各国での公教育制度への要求の高まりは，アメリカにも影響を及ぼしました。しかし，無償でのすべての人に開かれた学校の設置に対して，三つの理由から反対されました。一つ目は，富裕層からでした。イギリスのような貧民のための慈善学校のイメージが強く，そのような学校への自分の子どもの就学義務化に対する反対です。二つ目は，公費による負担に対してでした。就学年齢の子どものいない家庭まで，教育のための税を負担することに対する反対でした。三つ目は，宗教的中立に対してでした。アメリカではカトリックの影響に対する警戒感は強く，人々はプロテスタントの教えに基づくことを学校に求めました。非宗教的な教育に対する反対です。

　マサチューセッツ州では州教育長のマン（Horace Mann：1796-1859）[*6]が，コネチカット州ではバーナード（Henry Barnard：1811-1900）が，すべての子どもを対象とする義務制の無月謝公立学校（コモン・スクール）の設立を目指して努力しました。マンやバーナードは人々を粘り強く説得しました。そして，1852年にマサチューセッツ州で，義務制，無償，宗派的中立を原則として，8歳か

＊5　前掲『現代に生きる教育思想1　アメリカ』，72頁。

ら14歳のすべての子どもを対象とするコモン・スクールの制度が実現しました。コモン・スクールは,その後,バーナードによってコネチカット州でも実現し,各州に広がりました。1918年に全米の州で実現しました。アメリカでは公教育制度は州単位で実現されていきました。

■「数の圧力」への対応と公教育の「量的整備」

1880年頃,アメリカでは,コモン・スクールの設置は進み,公教育制度は一応の完成をみました。一方,工業化が「嵐のように」進み,1800年代末には,アメリカはイギリスの工業生産額を上回りました。また,世界各地から新たな移民が押し寄せました。工業都市では,そのような人々が集中し,「数の圧力」に伴う社会問題が発生しました。教育に関しては,教室不足や教員不足という事態が発生しました。

セントルイス市教育長を務めたハリス(William Harris ; 1835-1909)は,工業都市の大多数の子どもたちを対象とした公教育の条件整備に取り組みました。また,それを通じて,工業中心へと急速に転換したアメリカ社会において,近代都市・産業社会で生活できる人間の育成を学校教育の目的とし,そのような生活に適応できる能力の育成を目指しました。

ハリスは,次のような改革を行いました。第一に,学年制による学級編成の導入です。同一年齢の子どもを同一の教室に集め,同一の進度で学習を進めさせる授業形態です。それにより学習指導の効率を向上させました。第二に,教室サイズや校舎建築の規格化です。学校の教室のサイズを60座席配列の大きさにしました。そして4教室を「田の字」に組み合わせて,一つの校舎を構成し

---

*6 「アメリカの公立学校の父」と呼ばれている。弁護士だったが,マサチューセッツ州の下院議員,上院議員を歴任し,1837年に州教育委員会が設置されると,その教育長になり,公費運営のコモン・スクールの実現に取り組んだ。マンは,コモン・スクール設置の根拠を,子どもの自然権に置いた。マンは,教育権を親に所属する自然権としてではなく,子どもの側から教育を受ける生来の権利として捉え直した。また,経済的な生産性の向上や共和国の維持・発展という,アメリカ社会の現実的な課題から,公教育制度の必要性を人々に訴えた。さらに,各タウンの学務委員会にコモン・スクールの監督に当たらせる地方分権的な教育行政の制度を採用した。また,州立の無償の師範学校の設置にも努め,教員の質の向上と各宗派から独立した教員養成を目指した。

ました。学校には，児童数に応じて校舎が1～3棟ありました。第三に，市立師範学校の設立です。市独自の教員養成で教員を確保しようとしました。

ハリスの改革では「数の圧力」に対応する効率的なシステムの確立が目指されました。ハリスの改革は，公教育の「量的整備」と評価されています。

■工場のような学校

しかし，ハリスの改革した学校は，効率的にシステム化されていました。[*7] ハリスは，近代の産業社会に適応するには，時間厳守，規則正しさ，勤勉などを身につけなければならないと考えました。そのため，ハリスは学校において，子どもたちにそれらを身につけさせることを主張したのです。

ハリスのそのような考えに基づく学校教育は，後に「工場のような学校」だと批判されました。また，規律重視は，主体的な態度より従順さの強制になりがちでした。そこには，膨張した工業都市における社会的秩序の安定という目的もありました。しかし，ハリスの改革によって，公教育制度に大多数の子どもたちを確実に受け入れるための，学校の物理的条件が完成されたといえます。なお，ハリスは教育内容については，文化財の伝達であると考えました。教育の目的を世俗的な生活準備としながらも，単なる職業教育に矮小化しなかった点に，ハリスの教育思想の近代公教育としての性質がみられます。

❖ 読書案内

市村尚久（編）『現代に生きる教育思想1　アメリカ』ぎょうせい，1981年

梅根悟（監修），世界教育史研究会（編）『世界教育史体系17　アメリカ教育史Ⅰ』『世界教育史体系18　アメリカ教育史Ⅱ』講談社，1976年

大木英夫『ピューリタン』中央公論新社，1997年

恒吉僚子『人間形成の日米比較』中央公論新社，1992年

堀内一史『アメリカと宗教』中央公論新社，2010年

＊7　ハリスはアメリカにおけるヘーゲルの哲学研究者としても有名である。ヘーゲルによれば，社会の歴史的な動きは大きな理念の実現過程である。そこからハリスは，現時点において理念が最大に実現されている現社会体制に，子どもたちが適応できるようにすることが教育だと考えた。

●*Column 9* エマソン──アメリカの知的独立宣言●

　1800年代には信仰生活からはピューリタン的な厳格さが薄れ，人間的な穏やかな傾向へと変化しました。

　エマソン（Ralph Waldo Emerson；1803-1882）は，ハーヴァード大学を卒業し，ボストンのユニテリアン派（人間としてのイエスを尊重するリベラルな宗派）の牧師になりました。しかし，1832年，教義や宗派による拘束に疑問をもち，「立派な教師になるためには，牧師という職を辞めなければならない」と宣言して辞職しました。当時，エマソンのようなハーヴァード大学卒の牧師は最高の知的エリートでした。エマソンの辞職は人々に大きな驚きを与えました。

　1837年，後に「アメリカの知的独立宣言」と呼ばれる講演をしました。

　　自分自身の足で歩きましょう。自分自身の手で仕事をしましょう。自分自身の心を語りましょう。……人間ひとりびとりが，万人にいのちを吹きこむ「神聖な魂」によって，自分もいのちを吹きこまれていると信じるからです。　（「アメリカの学者」[*1]）

　エマソンは，人間の精神には「神聖な魂」によって「いのち」が吹きこまれていると述べます。そのようにして自分と大きな世界との結びつきを信じ，自分自身の「足」や「手」を使用し，自分自身の「心」を語ることを説きました。ピューリタニズムでは否定されてきた「想像」や「情熱」を肯定し，人間の知性と感性への自己信頼を宣言するものでした。

　当時，アメリカは政治的には独立を果たしたものの，エマソンは，人々が精神的には，ヨーロッパの文化の権威や各宗派の教義に依存し，それらに束縛された生き方にとどまっていると批判したのです。人々の精神的・知的な独立が課題だったのです。

　エマソンは，自らの知性を信じ，自ら考え，自ら行動するという，「自恃の人」として生きることを主張しました。もちろん「自己信頼」とは，権威や多数派に追従せず，孤高を保つ強さが求められる生き方です。

　教育に関しては，子どもの善性とその素直な発現に信頼を寄せる必要性を提唱しています。これは，ピューリタニズムの「原罪を背負っている子ども」という考え方からの解放と転換と位置づけることができます。デューイは，『民主主義と教育』（1916年）の中で，「子どもを尊重せよ。……徹頭徹尾尊重せよ」というエマソンの言葉を高く評価しています。

---

*1　エマソン，酒本雅之（訳）『エマソン論文集　上』岩波書店，2003年，149頁。

●*Column 10* オルコット──子どもの感情,思考,表現の尊重●

　オルコット（Bronson Alcott；1799-1888）も,ピューリタン的な人間観に疑問をもち,人間中心の生き方を唱道しました。

　オルコットは,1823年,自給自足生活の理想的共同村を建設し,個人の精神的自由を尊重した禁欲的な生活を試みました。しかし,その試みは半年間で失敗しました。

　オルコットは,1823年から2年間,チェシャの小学校の教師をしました。子どもたちの個性的な思考や感情を尊重し,ピューリタン的な教義や道徳にとらわれない教育を行いました。体罰の禁止,自治活動,自然観察,自由な遊び,感情の尊重,会話,日記などです。これらは,その後の新教育運動の方法と類似しています。オルコットの教育活動は,アメリカ新教育運動の先駆と評価できます。

　オルコットは,子どもたちに,感じたことを日記に自由に記述させ,宗教や聖書について自由に考えを話し合わせました。また,このようにして自分自身の経験と関連させた言語の学習を重視しました。

　しかし,これらの活動は,当時のピューリタニズムの教育についての考え方とは,正反対のものでした。当時のピューリタンは,遊びは子どもを堕落させる,感情に動かされてはいけない,子どもの悪は体罰で矯正しなければならないと考え,きわめて厳格な教育をしていました。聖書についても教理問答から逸脱して,子どもたちに話し合わせるなど,とんでもないことでした。

　このため,町の人々からは大きな反発が生じました。その後,彼に対する支援者の協力を得て,1834年から39年にかけて,テンプル・スクールをボストンに開設して,精神性を重視した独自の教育活動を実践しました。

　しかし,この教育活動に対しても,強く残存していた信仰的立場から,「瀆神」と強く非難され,学校は閉鎖を余儀なくされました。

　オルコットの教育は,人間自身の思考や感情への信頼を基盤としています。オルコットは,そのような思想を教育実践で試みました。しかし,1800年代前半のアメリカ社会では,人々の抵抗感はなお強く,その実行はきわめて困難であったのです。

　ただし彼のこのような方針に基づく家庭教育は成功したと評価できます。4人の娘のうち,ルイサ・オルコットは『若草物語』の作者として有名です。他の娘たちも音楽家,演劇者,画家としてそれぞれ活躍しました。

●*Column 11* パーカー──公教育の内容の「質的改善」●

　パーカー（Francis Parker；1837-1902）は，ハリスと同時期，知識を暗記させるだけの学校教育の「質的改善」に取り組みました。

　パーカーは，1875年，マサチューセッツ州クインシー市の教育長となりました。そして，学校を子どもたちにとって楽しく魅力的な場にするという方針を立てました。

　そのような方針のもと，子どもの興味・関心，自主的・主体的な活動体験，合科的・総合的な学習，自由な表現活動，日常生活と関連させた読書算の学習などを重視した教育実践を行い，伝統的な教育からの転換を目指しました。この取り組みは「クインシー運動」と呼ばれ，アメリカの新教育運動の開始として位置づけられました。パーカーはアメリカの「進歩主義教育の父」と評価されています。

　その後，パーカーは，1883年，イリノイ州のクック郡師範学校の校長になり，教員養成に当たりました。

　パーカーの教育思想は，子どもの善性に対する全面的な信頼に基づいています。パーカーは，子どもを「神の創造物の中で最高のもの」であると述べ，すべての子どもの発達可能性と自発的活動力の所有を主張しています。それまで根強かった「原罪を背負っている子ども」という，ピューリタン的な観念から，子ども観を解放しました。

　パーカーは，知識を暗記させるだけの伝統的な教育を，「量的教授の方法」として批判しました。それは，子どもたちに与えられたものを「盲信」させて，権威に「順応」させるだけの，非民主的な「貴族主義」の教育だからです。

　一方，民主主義の教育とは，子どもたちに自由を獲得させることを目指す教育です。パーカーによれば，実物教授，観察，調査，実験，想像，自由な思考と活動などが「質的教授の方法」なのです。このような教育活動を通じて，子どもたちの「精神活動の質」を高めるのです。つまり，自ら活動し，自ら考えながら学ぶことを通して，子どもたちに民主主義社会に生きる人間としての精神が育成されると考えたのです。

　このようにパーカーは，民主主義社会を維持・発展させる人間の育成を目指すという観点から，学校における学習活動の方法の改革を目指しました。パーカーの思想と活動は，その後，デューイによって継承され，理論的，実践的に発展していきます。

[第6章]

新教育運動と教育論
―― 近代学校教育の修正要求 ――

Introduction

① 新教育運動は,どのような問題意識から,どのような人間の育成を目指して,どのような教育方法によって展開されたのか。
② 新教育運動の理念と教育方法から何を学ぶことができるのか。

*　　*　　*

1800年代末,西洋各国では公教育制度は量的な面ではほぼ完成されました。しかし,授業の内容や方法は,知識を暗記させるだけで質は低く,子どもたちには規律が強制され,従順性や勤勉性の形成に重点が置かれていました。

一方,都市では官僚,企業社員,専門職など,いわゆる新中間層が形成されました。新中間層は,商工業者を中心とする旧中間階級とともに,一つの知的勢力となりました。そのような人々は,公教育制度の学校教育に満足せず,次のような要求を掲げて,自分の子どもに対するより質の高い教育を求めました。

①近代社会で役立つ実学的な教育内容にすること。
②近代社会で主体的に生きることのできる全人的な人間教育を行うこと。

このような要求を背景に,新しいタイプの教育を行う学校が誕生しました。これが1890年代から1920年代にかけて展開された新教育運動です。

新教育運動を支えた教育論では,次の点が共通に主張されました。
①全人教育……知育だけではなく,知徳体の全面的な人間教育を目指す。
②個性・主体性・興味関心の尊重……子どもの自主的な学習を尊重する。
③活動主義……教室にとどまらず体験活動を重視する。
④生活中心主義……自治活動や行事などを通じて,民主的・自主的な生き方を学ばせる。

また,西洋各国の社会は産業化されました。そして,公教育制度の普及により多くの人々に読書算の能力が保証されたことにより,労働者が一つの大きな社会階級として立ち現れました。それにより企業家対労働者という社会的な対立の構造が新たに発生しました。民主主義をめぐっても,伝

統的な王党派対新興の商工業者層という対立から，企業家対労働者という図式に変わりました。その争点も，経済活動の自由の要求から経済的な平等の要求に移りました。1900年代になると民主主義や自由主義経済についてのそれまでの考え方を転換し，産業社会の在り方を再構築していくことが求められるようになりました。

　さらにいえば，この時代には，第一次世界大戦という国民国家間の大規模な総力戦が引き起こされました。その後の第二次世界大戦へと，国民国家間の富国強兵の争いとそれによる過去にない悲惨な結果が現実となった時代です。

　このように新教育運動は，「近代西洋」の社会の発展の頂点において発生した運動であり，「近代西洋」の社会における人間の生き方・在り方に修正を求める思潮であったということができます。

　新しいタイプの学校で近代的な全人教育を目指す運動は，まず，ヨーロッパの富裕層の私立学校から開始されました。そして，世界各地への広がりとともに，公立学校でも改革が試みられるようになりました。わが国でも近代化が達成され都市中間階級が成立した大正時代に，この教育運動は大正自由教育として展開されました。

1 ヨーロッパにおける新教育運動の発生と展開
――近代的な全人教育の学舎――

> **Question**
> ①アボッツホルムの学校，ロッシュの学校，田園教育舎は，当時の富裕層向けの学校教育に関して，どのような問題点を指摘・批判し，どのような新しいタイプの教育を試みたのか。
> ②オットーの教育論は，現代の学校教育にどのように継承されているのか。

（1）ヨーロッパにおける新教育運動の発生の背景

1800年代末の西洋各国では，近代産業は巨大な規模に発達しました。しかし，国内では巨大化した企業家と団結した労働者との間での階級的な対立が，対外的には国家間での覇権争いが激しくなりました。また，公教育学校の授業の内容と方法は質が低く，富国強兵に従順に奉仕する国民の育成を目指すものでした。他方，中等教育は旧態依然とした古典的教養中心で，新しい時代の政治，行政，軍事，商工業など，実務的分野のリーダー育成には不向きでした。

新教育運動は，イギリスにおいて，旧態依然たる中等教育の改革を目指す新しい学校の誕生から開始されました。そのような新しい中等教育の学校は，まもなくフランスでも誕生しました。さらに，ドイツでは，初等教育の新しい学校が，ドイツロマン主義の思想的特色を帯びて誕生しました。

この時期の新教育運動は，イギリスやドイツなどヨーロッパを中心に，富裕層の子ども向けの新しいタイプの学校設立運動として誕生しました。いずれも近代社会の実務的リーダーの育成を目指しました。

（2）イギリスおよびフランスにおける新教育運動の発生

▰アボッツホルムの学校

イギリスでは，中等教育機関であるパブリック・スクール[*1]の質実剛健な教育が，大英帝国の発展を担うリーダーを育成したといわれています。しかし，

1800年代末になっても，教育内容はギリシア語やラテン語を中心とする旧態依然たるままで，近代外国語や歴史，科学などの学習は軽視されていました。また，スポーツを通じての心身の鍛練が過剰に重視されていました。

　レディー（Cecil Reddie；1858-1932）は，1889年，アボッツホルムに全寮制の中等教育学校を16名の生徒で開設しました。レディーは，「高尚なイギリス人を陶冶し，人類文化の向上に資する」という目標を掲げ，近代の科学的精神に基づき，近代の産業社会のリーダーとして生きる人間の育成を目指しました。レディーは，国語（英語），現代外国語のフランス語やドイツ語の学習を中心にしました。また，歴史や科学とともに，労作や芸術も重視しました。さらに寮の共同生活や自治活動を通じて，道徳性の育成を図りました。このようにして近代生活で必要とされる知識・能力の育成を目指しました。

　アボッツホルムの学校は，リーダー層の育成という点では伝統的なパブリック・スクールと役割は同じです。しかし，新しいタイプの学校を設立して，時代の変化への対応を試みた点で，イギリスの中等教育の改革を促しました。

　▰ロッシュの学校

　フランスでは，レディーの影響を受けたドモラン（Joseph Edmond Domolins；1852-1907）が，全寮制のロッシュの学校を開設しました。

　ドモランも，中等教育機関のリセやコレージュで行われている教育の前近代性に疑問を抱いていました。そのためロッシュの学校では，機械，工学，商業，外国語（英語・ドイツ語）などの近代的で実用的な教科が採用され，また，アボッツホルムの学校と同様に，労作教育が取り入れられました。

　ドモランは，「本の中に書いてあることだけを子どもに教えるのが大切なの

＊1　イギリスの中等教育機関であるパブリック・スクールは，大学に進学準備するための学校として位置づけられていた。貴族や富裕層の子どもは学童期には自宅で家庭教師によるプライベートな教育を受け，中等段階から多くの生徒の集まるパブリックな場である学校で教育を受けた。パブリック・スクールの改革は，中産階級の入学者が増えた1800年代になりその必要性は議論されてきた。しかし，古典的な教養を特権的なシンボルと考える貴族層やそのような伝統の再生産者としての教師たちの抵抗によって，なかなか実現されないままだった。1800年代前半のトマス・アーノルド（Thomas Arnold；1795-1842）によるラグビー校の改革も部分的なものにとどまった。

ではない。生活の中にあるもの，現実の生活そのものを教えることの方がもっと大切である」と述べています。ドモランは近代的な生活を主体的に生きる「生活のための十分に武装された」人間の育成を目指しました。

（3）ドイツにおける田園教育舎運動
▰田園教育舎の設置と広がり

リーツ（Hermann Lietz；1868-1919）は，アボッツホルムの学校で教師を経験しました。ドイツに帰国後，1897年，イルゼンブルクに全寮制の学校を開設しました。この学校は，初等教育段階の子どもを対象としました。1901年にはハウビンダに中等教育段階の学校を，さらに1904年にはビーベルシュタインに初等教育，中等教育段階一貫の学校を開設しました。これらの学校は，自然豊かな郊外に開設されたので田園教育舎と呼ばれました。

このような田園教育舎は，リーツへの協力者であり，やがて独自の教育舎を設立したウィネッケン（Gustav Wyneken；1875-1964），ゲヘープ（Paul Geheeb；1870-1961），ハーン（Kurt Hahn；1886-1974）などによって，一つの教育運動として広げられました。

▰田園教育舎の教育目標

リーツは，「われわれの生活は，外なる自然と，子どもの内なる自然とに，完全に従っている」と述べています。

田園教育舎では，自然豊かな環境の中で，倫理的性格の育成を目指して全人教育が行われました。リーツは，都会的な便利さや個人主義的な生活に対する懐疑をもち，全寮制の学校を都会から離れて設置しました。物質的な快適さに慣れてしまうことや，大人たちの利己主義的な考え方や態度の影響から，子どもたちを守るためだったのです。この時期のドイツは，国家統一を果たし，産業も発達した一方で，新たに階級的な対立が激化していました。

都会を離れた全寮制の学校で，外なる自然と自己の内なる自然が有機的に統一される教育を試みたのです。そのようにして，「究極的には自己完成と人類の完成に奉仕する，倫理的性格への自己教育」が目指されました。

第6章　新教育運動と教育論

■田園教育舎の教育活動

　田園教育舎では，授業では実物を用いるなど工夫された教材，話し合いや体験活動などが導入されました。また，労作活動が重視され，木工や金工などの手仕事，園芸や農業や飼育などの作業が行われました。協同して作業に取り組むことにより，社会的連帯の精神を育てることが目指されました。一方，芸術的な活動によって感性を育てることも重視されました。さらに，子どもたちには，自然の中で伸び伸びと遊ぶための時間が確保されました。

　これらとともに，自治的な共同生活が重視されました。子どもたちに寮を「自分の家庭」として意識させました。そこでは権威的に課せられた規律に服従するのではなく，自分たちで問題を解決して，自分たちで決めた規律に服従することが重視されました。子どもたち自身で自分たちの間で発生する葛藤を解決するという経験を重視しました。そのようにして全体の利益を考えて葛藤の解決に取り組むことのできる人間の育成が目指されました。

　リーツをはじめ田園教育舎運動では，大きな全体的理想のもとに，他者との有機的な連帯に主体的に貢献できる人間の育成が目指されました。そのような倫理的性格を有する人間の育成を目指した全人教育が行われました。

（4）オットーによる教授の改革

■家庭教師学校の設立

　オットー（Berthold Otto；1859-1933）は，百科事典の編集長として，文筆や講演の仕事をしていました。大学卒業後の家庭教師の経験から，自分の5人の子どもたちの教育にも関わりました。しかし，子どもたちの様子から，学校教育に疑問を抱きました。子どもたちは学校に入学する前には，興味関心や学ぶ意欲に溢れていたのに，学校では受動的に知識を覚えることを強要され，無気力にされてしまったと感じました。オットーは，学校をその教授の方法から「強制学校」「懲罰学校」と批判し，自分の子どもたちを家庭で教育しました。そして，1902年，ベルリン郊外に「家庭教師学校」を設立し，独自の教授法に基づく学習指導を行いました。

　オットーは，目指すべき学校について，次のように述べています。

> 強制することなく,義務感に訴えかけることもなく,ただ子どもたちの生得的な理論的興味やスポーツ的興味を利用してこそ教授すべきである。
>
> (「二十世紀の学校改革」[*2])

■有機体的な成長観

オットーは,子どもを生命有機体として捉え,その精神的能力は固有の法則に従って,周囲の世界と相互作用しながら発達すると考えました。つまり,オットーによれば,生命有機体が,周りの世界から自らに役立つものを本能的に探し出すように,子どもの精神も,自分が組み込まれて成長している文化的世界から,自らの精神的成長に最も役立つものを,常に適切な方法で探し出しているというのです。子どもを観察し,そこから,子どもの精神の発展の筋道を見極め,その理解に基づいた教授を行うことが必要なのです。

■子どもの「問う」権利の絶対的な尊重

オットーは,子どもは生まれながらに認識衝動を有しており,そこからさまざまな「問い」が生まれると論じました。子どもは生来的に認識(知ること)への興味に溢れ,それを満たすことへの衝動を有しているのです。子どもの精神は,知識を受動的に与えられる容器ではありません。

したがって,教師や大人は,子どもの本性を理解し,自ら「問い」を発して学ぼうとする動きを抑えてはいけません。また,子どもが興味を示さないことを強制的に学ばせてはいけません。子どもの興味に基づいて,子どもの自ら「問う」権利を尊重しなければなりません。オットーは「問う」権利は子どもにとって絶対的なものだと主張しました。この権利が尊重されず,学ぶことを強制された結果,子どもは意欲を失うのです。つまり,生命有機体が健全に育つ筋道を妨害し,その生命力を枯渇させることになるのです。強制は逆効果なのです。教師や大人の役割は,子どもの「問い」から出発し,自ら発見に至る過程を導くことです。そのような学習を通じて,子どもたちは学ぶことに喜びを感じ,自ら学ぼうとする態度を発達させるのです。

---

*2 オットー,金子茂(訳)『未来の学校』明治図書出版,1984年,72頁。

第6章　新教育運動と教育論

▰子どもの認識の未分化

　オットーは，子どもの興味の対象が多様な領域にまたがっていることに気づきました。つまり，子どもの興味の対象は，各教科の領域別に整理されていないのです。子どもが興味を示す対象は領域的に未分化なのです。しかし，当時，このことは，子どもの精神的な未熟さによると考えられていました。それを教科の枠組みに従って整理させることが，教授の目的とされました。

　学習活動は，子どもの「問い」から出発します。その「問い」の対象は，子どもが興味をもつ具体的なことがらであり，各教科の領域別に整理された抽象的な事項ではありません。また，「問い」から学習活動が出発するならば，想像などの自由な思考も尊重されなければなりません。したがって，子どもの思考を教科の枠組みの中に押し込めてはいけないのです。そのような枠組みが設定されると，子どもの認識衝動は生かされず，興味は発展していきません。そのようにして，子どもの学習への意欲は挫折させられてしまうのです。

▰「子どもから」

　オットーにとって，学習指導の目的は，自ら学び続ける能力と意欲を伸ばすことでした。したがって，出発点となる論理は，各教科の領域別に整理された学問体系ではなく子どもの心理の論理でした。しかし，子どもの示す興味の対象や発する「問い」が未熟で混乱したものと見なされて，各教科の知識を文化的な価値として強制させることにより，子どもたちの自ら学ぼうとする意欲は挫折させられ，その能力の発達は妨げられてしまうのです。

　オットーの教育思想は，「子どもから」という標語によって代表されています。オットーは，子どもの「問い」や認識の未分化性を尊重し，そこから学習活動を導くという発想の転換を主張したのです。

▰話し合い活動の採用

　オットーは，年齢に応じた自然な形態での話し合い活動を採用しました。家庭における親子の間での自然な会話が，子どもの認識衝動を満たし，自ら学ぶ能力と意欲が育つ基盤となると考えたからです。

　オットーは，子どもの言語の発達と思考の発達との関係について研究しました。子どもは自分で意味のわかる言葉を使用して，自分の思考を他者に伝える

ために表現しようとすることにより,精神的に発達していくのです。意味のわからない言葉を復唱できても,精神的な発達は遂げられません。

　当時,一般的には子どもたちの話し合いは,価値の低いおしゃべりと見なされていました。しかし,話し合いとは,子どもが自分たちの興味ある対象について,自分たちの年齢的な発達段階に応じた形式で,言語を使用して思考し,それを交換しようとする活動なのです。オットーは,このような形式で展開される活動に,子どもが相互刺激的に興味関心を拡大し,学ぶ能力の発達を促すうえでの効果を見出しました。また,相互尊重や傾聴,寛容,意思疎通を図る,議論を尽くすなどの社会性が育つのです。

　■合科教授の採用

　オットーの学校では,子どもたちが円卓を囲んで話し合いやグループ作業を行うなど,新しい活動形態が採用されました。また,教科を総合した合科教授を採用しました。オットーは,「世界は唯一の大きな全体である」と考えました。合科教授は,オットーのこのような世界観に基づくものであり,また,認識の未分化という子どもの心理的な論理に即するものです。オットーは,諸科学の発達と専門分化により,人間の精神が多方面に引き裂かれてしまうことを懸念していました。人間の精神の全体性を維持するためには,子どもが世界を全体的に捉える学習活動が必要だと考えたのです。

　オットーの提唱した合科教授は,第一次世界大戦後の1920年代のワイマール期のドイツで評価されました。多くの国民学校で採用されて実施されました。なお,わが国においては,1989（平成元）年告示の「小学校学習指導要領」で新たに「生活」が新設された際,低学年児童の興味や認識の未分化がその理由とされています。オットーの教育論の影響をみることができます。

❖ 読書案内

　天野正治（編）『現代に生きる教育思想5　ドイツ（Ⅱ）』ぎょうせい,1982年
　池田潔『自由と規律』岩波書店,1949年
　オットー,金子茂（訳）『未来の学校』明治図書出版,1984年
　松島鈞（編）『現代に生きる教育思想3　フランス』ぎょうせい,1981年

●*Column 12* ケイ──働く女性の母性保護の要求●

　ケイ（Ellen Key；1849-1926）は20世紀への転換点で活躍したスウェーデンの女性評論家です。

　ケイによれば，19世紀は「女性の世紀」でした。19世紀の婦人解放運動では，女性の地位向上や権利獲得で，一定の成果を収めました。しかし，男性との形式的な同等の権利の獲得だけでなく，女性に固有の母性の尊重・保護の必要性を訴えました。子どもの成長のために母性保護の必要性と権利を訴え，母性が正しく発揮される社会の実現を求めました。

　ケイが問題としたのは，産業化による工場での女性労働者と年少労働者でした。女性や年少者など未熟練労働者の低賃金雇用は，成人男性の失業や低賃金化をもたらします。父親の失業や低賃金は，母親の工場での労働を必要とします。家庭における母親の不在や子どもの工場での労働は，子ども自身の心身の成長に大きな負の影響を与えます。子どもが健全に育つ家庭環境を破壊します。

　このようにケイは，労働者階級の子どもたちの母性の剥奪状態を問題としたのです。女性の母性に溢れた家庭でこそ，子どもの健全な成長が遂げられると考えたのです。

　ケイは，1900年に『子どもの世紀』を出版し，20世紀を子どもの世紀とすること，すなわち，母性が尊重されて，子どもの健全な成長が配慮され，子どもの健全な成長の権利が確立されることを主張しました。

　そして，「子どもは幸福な家庭に生まれなければならないし，それを要求する権利がある」と，子どもの視点に立ち，子どもの側から健全な成長に必要な環境の要求を掲げました。

　ケイは，子どもには「親を選ぶ権利」があると主張しました。親，結婚を考える人たち，社会に対して，子どもを健全に成長させる責任の自覚を求めたのです。なお，ケイは，男女の自由恋愛による結婚を奨励しました。両親の男女としての愛情のうえに，子どもが健全に成長する家庭生活を営む義務を人々に求めたのです。

　この点で，ケイは母性が発揮される場は家庭であり，制度化された幼稚園や保育所に対しては否定的でした。前者が子どもにとって自然な成育環境です。後者は子どもを型にはめる工場で，没個性的で自己を主張できない「群衆人間」を形成するからです。しかし，現実的には，その後のスウェーデンでは，保育所の整備による女性の社会進出の環境が充実し，その先進国となりました。

2 アメリカにおける新教育運動の発展
──デューイ──

> **Question**
> ①デューイは，社会の問題を解決することに向けて，人間にどのような可能性を見出したのか。また，人間はどのようにすればその可能性を実現できると考えたのか。
> ②デューイは，学校におけるどのような教育によって，子どもたちの生活を将来のどのような生活に連続させることが必要だと考えたのか。

(1) デューイの生きた時代

■社会生活の変化と対立の複雑化・深刻化

南北戦争後の1800年代後半のアメリカでは工業化が急速に進み，それまでの農業中心の生活様式が大きく変わりました。デューイによれば，人々は全米的な「グレート・ソサイティ」に投げ込まれました。人々の生活は，対面的な地

ジョン・デューイ（John Dewey；1859-1952）
- 1859年　ヴァーモント州バーリントンに生まれる。
- 1879年　ヴァーモント大学卒業。高校，小学校の教師を経験する。
- 1884年　ジョンズ・ホプキンス大学大学院修了。ミシガン大学講師。
- 1888年　ミネソタ大学教授。
- 1889年　ミシガン大学教授。
- 1894年　シカゴ大学教授。
- 1896年　シカゴ大学に附属実験学校を設置する。
- 99年　『学校と社会』
- 1904年　コロンビア大学教授。
- 16年　『民主主義と教育』　20年　『哲学の改造』
- 25年　『経験と自然』　27年　『公衆とその問題』
- 30年　『新旧の個人主義』
- 33年　『思考の方法』（改訂版）
- 38年　『経験と教育』
- 1952年　死去。

域のコミュニティでの様式から，その中では個人があまりにも無力な大規模な社会の中での様式へと転換したのです。

一方で，人々の間での対立は複雑で深刻な様相を帯びていました。1800年代末，人種差別は根強く残されており，他方，大量の新移民が押し寄せていました。東欧・南欧からの年間移民者数が西欧・北欧を上回るようになりました。新移民の多くはカトリック教徒で，英語を話せず，熟練した技術ももたず，エスニックごとにゲットーを形成して，都市下層労働に従事していました。宗教的・文化的に異なる新移民に対する旧移民からの差別が発生しました。

さらに，貧富の格差が拡大しました。1800年代末には，全米で１％の企業が全生産の33％を占める寡占状態になりました。資本家と労働者との対立が激しくなり，労働争議は大規模化しました。

■「革新主義」から大恐慌・ニューディールへ

1900年前後から，アメリカでは新たに成立した都市の新中間層を中心に，社会改革運動（「革新主義」）が発生しました。この運動は，自由放任の経済活動に対する中央政府による強い規制を通じて，社会的な対立を緩和することを求めるものでした。また，都市の貧困者居住地区では人々の文化的向上を支援するセツルメント運動が展開されました。シカゴ大学の教授時代，デューイもセツルメント運動に参加しました。デューイの教育論と教育実践は，このような「革新主義」の中で展開されました。

その後，アメリカは第一次世界大戦によって経済成長を遂げ，大量生産・大量消費という物質的に豊かなアメリカ的生活スタイルが確立されます。しかし，1920年代には，拝金的風潮や大衆社会的傾向が生まれました。他方，禁酒法の制定，進化論の授業を有罪とするスコープ裁判，白人至上主義結社の運動など，異質なものに対する非寛容な動きも展開されました。

アメリカ社会の大転換は，1929年の大恐慌の発生に対するニューディール政策によります。それによりアメリカは自由放任の経済から，経済活動への政府

＊１　1900年になるまでに，アメリカはイギリスを抜いて世界一の工業国になった。スタンダード石油やUSスチールのような巨大企業が出現し，また鉄道網の発達により，国内に一つの巨大流通網が形成された。人々の生活は全米的な生産・流通・消費のネットワークに巻き込まれた。

の介入によって景気調整と所得再分配を行う修正資本主義へと転換します。デューイが求めていた方向です。しかしデューイは，そのような政策の立案と実施が専門家支配という，新たな分断を人々の間に生み出す危険性を指摘しました。デューイは一般的な市民（コモン・マン）の知性に信頼を置く社会の実現を目指しました。

▰アメリカにおける新教育運動の開始

アメリカでは，パーカーが伝統的な教育に対する改革運動を開始していました。デューイも，言葉を暗記させるだけの「旧教育」を批判し，シカゴ大学附属実験学校を設置して教育実践に取り組み，学校教育の改革を通じて民主主義の再建という社会改良を構想しました。

（2）近代的原理に代わる新たな社会原理の提案

▰自然権の限界

1800年代末のアメリカでは，自由放任の原則のもと，剥き出しの個人主義，露骨な弱肉強食といわれた経済活動が展開されていました。巨大化した独占企業に対して，消費者も労働者も無力でした。消費者保護や労働者保護の必要性は指摘されながらも，政府は企業活動に対する規制を行いませんでした。

当時，経済活動は自然権に属する個人の権利と考えられていました。ロックは財産権を自然権と考えました。さらに，アダム・スミス（Adam Smith；1723-1790）は，私財を増やす経済活動も自然権だと主張しました。個人の経済活動への政府の規制は，自然権に基づく個人の自由（私権）に対する侵害だと見なされました。

また，ハーバート・スペンサー（Herbert Spencer；1820-1903）は，ダーウィン（Charles Darwin；1809-1882）の進化論を社会の経済活動に適用しました。スペンサーは社会の本質を，強く優れたものが生き残る生存競争と見なし，自由競争に生き残る者が適者だと主張しました。スペンサーの進化論解釈には誤りがあります。しかし，社会ダーウィニズムは，政府の介入を拒否する論拠になりました。

自然権思想は，絶対王政への抵抗の論拠でしたが，経済活動に関しては，大

第6章　新教育運動と教育論

多数の消費者や労働者の人権保護を阻む論拠となってしまっていたのです。

■「公共的」な帰結による判定原理の提案

経済活動が自然権と見なされる限り，政府は規制できません。しかし，企業の経済活動は，大多数の国民に深刻で不当な結果を生み出していました。

デューイは，社会で行われる活動について，その不当性を判定する新たな規準を提案しました。その活動のもたらす「公共的」な帰結（結果）に置くという規準です。つまり，ある活動の影響が当事者間を超えて，結果として社会の第三者にも及ぶ場合，その活動を「公共的」なものと見なすという，「公共性」概念を構築しました。そして，「公共的」な性質を有する活動が，結果として第三者に悪影響を及ぼした場合，あるいは現実に及ぼすと予想される場合には，政府による規制の対象とするという原理を提案しました。

企業による経済活動は，多くの国民の生活に影響を及ぼします。市場の独占は，人々から商品選択の機会を奪います。労働者に不利な労働契約は，その後の契約で，別の労働者にも不利な契約が強制される可能性があります[*2]。

デューイは，ある活動を不当と判定する規準を，その活動が第三者にもたらす帰結（結果）に基づいて判定するという新たな原理を提案しました。このようにして経済活動など，社会の人々に影響を及ぼす活動に政府が介入して統制することを正当化する論理を提案しました。

■社会における関係性の優先

政府の経済活動への統制的介入は，近代的な夜警国家からの転換を意味します。このことは，政府が積極的に人々の間の関係や生活に介入することを意味するだけではありません。社会契約説では，自然状態における合理的・自律的な個人が，相互の主体的な契約によって社会を結成したと考えられました。つまり，社会の結成に先立って個人が存在し，そのような個人の集合として社会が成り立っていると考えられてきたのです。

＊2　当時，労働契約は双方の自由意志に基づくものであり，第三者が規制することは労働する権利（自然権）に対する侵害であると主張されていた。しかし，デューイは，契約を結ぶ労使間には大きな力の差があり，対等な契約とはいえないこと，またその契約が他の契約に先例として影響を及ぼすために，「公共的」な性質をもつ問題であると論じた。

しかし，デューイは，社会から独立した個人は想定できないと論じました。どの時代のどの社会の人間も，その時代その社会の文化の中で成長し，その社会の構成員として生きています。人間はそのような社会文化的な存在なのです。人々の意識や在り方はその社会で共有されている文化によって形成されたものです。人間はそのような文化的な関係性の中で生活しているのです。

　このような関係性を優先するデューイの考え方は，ヘーゲルからの影響によります。しかし，ヘーゲルは，人間の意識や在り方を規定する関係性は，人間を超越した絶対的な理念によって決定されていると考えました。そして，関係性の発展はその理念の自己運動によるものであり，人間は関与できないと論じました。それに対してデューイは，人間社会の関係性は，その社会が環境に適応する様式だと考えました。そして，環境が変化した場合に，それに再適応するため，人間は自らの知的努力によって関係性を新たに組み替えていくと論じました。社会問題が発生した場合，人々はその問題を解決し得るような新たな関係性を構築することが必要なのです。デューイは，産業が大規模化した社会に適した新たな関係性を構築することを主張したのです。

　デューイもダーウィンの影響を受けました。しかし，社会をスペンサーのように弱肉強食の自由競争に，あるいはマルクス（Karl Marx；1818-1883）のように階級間の対立や闘争とはみていません。デューイは社会を一つの生態系とみました。多様な要素間の相互作用による，動的で相互依存的なバランスある全体です。生態系は，環境が変化してバランスが崩れた場合，新たな相互依存関係を構築して環境に再適応し，全体として存続を維持します。デューイは社会を一つの生態系と見立て，多様な個人が共生できる関係性への再構築を訴えたのです。

（3）人間の知性に対する信頼
　■問題解決のための思考方法の追究
　「近代西洋」の哲学では，「真理」の存在を前提とし，「真理」を知るための知的方法が追究されてきました。それに対して，デューイは社会問題が深刻化している中，哲学に対して，現実世界の社会問題の解決のために役割を果たす

ことを求めました。社会問題は実際に行動しなければ解決することはできません。問題を解決するためには、行動を知性的に導くことが必要です。デューイは、問題解決に有効な行動計画（指導観念）を立てるための知性的方法の追究を、哲学の課題として掲げました。つまり、「真理」の認識から現実世界の問題解決に、哲学が関与するテーマを変更したのです。

■道具としての知識

　デューイにとって、知識とは「真理」を表象した観念や言葉ではありません。ものごとや出来事の関連や連続、あるいは働きかけと反応との結びつきを示すものです。それらが反省されて意味として蓄積されたものです。

　また、デューイにとって経験とは、第一に、行われただけの活動ではありません。実行した行動を反省し、そこから意味が抽出されることにより、その活動は経験となります。第二に、ただ行うだけの活動ではありません。生み出したい結果とそのための行動の方法を計画して行う活動です。つまり、目的をもって意味を使用して意図的に行動を導く活動です。この点で、デューイにとって「経験した」とは、行動を反省して意味を学んだ活動であり、また、「経験する」とは、意味を使用して、ある結果を生み出すことを意図して行動を導く活動なのです。

　したがって、知性的とは、行った活動から多くの意味を学び、学んだ意味を使用して行動計画を立てることなのです。つまり、多くの意味を学び、多くの意味を行動のために使用することなのです。そのようにして効果的に問題解決に導くための行動計画を立てることです[*3]。

　問題解決において、直面する問題の性質は、毎回異なります。したがって、毎回の問題の性質をよく調べて、それに最適の行動の方法を考えることが求められます。過去の問題解決で使用した行動の方法をそのまま適用することはで

[*3] たとえば、「急に黒雲が上空を覆うと間もなく夕立になる」は、ものごとや出来事の関連や連続を述べた意味（知識）である。しかし、この意味だけに基づいて判断しても「夕立」にならない場合も多いだろう。しかし、「遠くで雷鳴が聞こえる」「急に風が冷たくなった」「日中の気温が高かった」などの「夕立」と関連する意味を組み合わせて判断することにより、「夕立」になる確率は高くなる。

きません。多くの知識を使用して，それらを組み合わせて，毎回の問題の性質に即して，解決のための行動計画を慎重に立てなければなりません。このことが探究です。探究して行動を導くことに知性が示されるのです。

　デューイは，このように反省的に経験を積み重ねて，反省的に経験を導くことにより，問題解決の確実性を高めることができると論じました。また，経験を反省的に積み重ねることにより，知的な能力が増大すると論じました。

■コミュニケーションによる協同の必要性

　人間は，他者と協同的に探究することにより，問題解決への確実性を高めることができます。一人が所有している経験の範囲や能力には限界があります。しかし，各自の個性的な知識や能力を補い合うことで，解決のためのよりよい行動計画を立てることが可能になります[*4]。

　このような協同が成り立つためには，参加者の間でそれぞれの経験から得られた知識が適切に伝達・交換されなければなりません。コミュニケーションが必要となります。したがって協同的な探究が十全に行われるには，参加者にコミュニケーション能力が求められます。ただし，コミュニケーション能力も，実際に協同的な活動に参加して，他の参加者とコミュニケーションする経験を積み重ねることで高められます。つまり，学習活動を協同的な探究として構成し，子どもにそれへの参加を経験させることが必要なのです。

■不確実性を引き受けて進むこと

　しかし，知的に努力・協同して行動計画を立てても，問題解決に絶対に成功するとは限りません。人間の行動に関して，絶対的な確実性を求めることはできません。人間の知性に可能なことは，よく調べてよく考えて行動を導き，結果に対する確実性を高めることにとどまります。

　デューイは，人間は問題解決に向けて行動することから逃げてはいけないと論じました。不確実性を引き受けて，知的に努力・協同しつつ問題解決に立ち

＊4　たとえば，新しい文化は，発想の素晴らしい人，論理的に精緻化することの得意な人，他者に説明することが上手な人，技術や製品などに具体化することに優れた人などが協同することにより，社会に早く適切に広めることができる。問題解決はチームの協同によって効果的に導かれるのである。

向かう必要性を主張し，その可能性を示しました。デューイは人間の知性を楽天的に信頼したのではありません。人間は自らの知的な努力・協同に賭けざるをえない状況にいる存在だと主張したのです。

（4）生き方としての民主主義
■公衆としての参加能力

社会的な問題の解決とは，対立者間での闘争を通じて，勝者が全部取りすることではありません。双方の利害を調節する新たな関係性（法律，制度，システム，道徳など）の設定によって解決されます。そのためには問題解決に当たり，双方が敵対者としてではなく，問題解決を目指すパートナーとして並び合うことが必要です。デューイは，「公共的」な活動の影響を受ける人々を「公衆」と呼びました。そして，影響を受ける人々に，自らがその問題に関係する「公衆」であることを意識し，問題解決を目指す協同的な活動を組織して，それに参加することを求めたのです。デューイは，政府に調整機関としての役割を求めますが，人々にも当事者意識をもって問題解決に取り組むことを求めています。デューイは問題の解決を専門家任せにするのではなく，「公衆」が自ら協同的な活動を組織して取り組むことを重視しました。

つまり，デューイは立憲主義，三権分立，法治主義，普通選挙など，法律や制度などの存在に民主主義の本質を求めたのではありません。確かに全国的規模の問題には，代表者を選出して行動します。しかし，「公衆」が自らの問題解決を目指し協同的な活動を組織し，それに参加して取り組む生き方に，その社会が民主主義社会であることが示されると考えました。

この点で，デューイは一般的な市民（コモン・マン）の能力と良識を信頼しました。法律や制度などは，参加を保障するために必要です。そして，学校教育は参加能力を育成するために必要とされるのです。

■コミュニティの回復の必要性

デューイは，「公衆」によって，協同的で探究的な共同体が組織されることを期待しました。しかし，デューイによれば，人々には，当時，「グレート・コミュニティ」への統合に必要な前提が準備されてはいません。

デューイは,「民主主義はホームから開始される」と述べています。ここで「ホーム」とは,地域的な対面的なコミュニティです。人々の相互に対する直接的な関心と配慮が行き届き,共同の関心に基づいて協同的な取り組みが密度濃く実行されて,人々が日常的にその参加に巻き込まれているコミュニティ（共同体）です。当時のアメリカ社会から消えつつあった伝統的なコミュニティです。デューイは,人々が社会的な問題解決のための協同的な取り組みに「公衆」として参加できるためには,その基盤としての地域的な日常的なコミュニティに位置づいていることが必要だと考えました。そのような理由から,デューイは日常的なコミュニティの再建の必要性について論じました。

　もちろんデューイは,伝統的なコミュニティをそのまま復活させようとしたのではありません。成員相互に対する温かい関心と配慮に溢れつつ,それぞれの個性的な能力の成長に対する自由と平等,および協同的な活動への個性的な能力の参加と貢献が保障されているコミュニティです。相互に対する関心と配慮,また協同への参加と貢献という関係性に基づく生き方が実践されるコミュニティです。

　そのような日常の生き方としての民主主義のうえに,デューイは全米的な「グレート・コミュニティ」が民主主義にふさわしく実現されると考えました。そして学校教育を,子どもたちが協同的な探究への参加経験を通じて,民主主義のコミュニティの成員としての生き方を身につける場として位置づけたのです。

(5) 経験主義の学習指導原理
■学校における「重力の中心移動」

　デューイは,旧来の学校教育の特徴として,機械的な集団化,受動的な態度の強制,画一的な教育方法とカリキュラムを指摘・批判しています。そして,学校における「重力の中心移動」,すなわち,次のことを主張します。

　　子どもが中心となり,その周りに教育についての装置が組織されること。
　　　　　　　　　　　　　　　　　　　　　　　　　　　　　　　(『学校と社会』)[*5]

　＊5　デューイ,市村尚久（訳）『学校と社会・子どもとカリキュラム』講談社,1998年,96頁。

「子どもが中心」の学校の学習指導の原理は、「子どもの興味・関心の尊重」、あるいは「行うことによって学ぶ」という言葉で表現されました。[*6]

■「行うことによって学ぶ」

先に述べたように、デューイが目指した知性は、現実の世界において、確実性をもって問題解決へと行動を導く知的能力です。そのような能力は経験を反省的に積み重ねることによって形成されます。したがって、教育とは、子どもの経験が連続的に発展するように、経験を指導することなのです。

このことについて、デューイは次のように述べています。

> *教育とは経験を絶え間なく再組織ないし改造することである。……教育とは、経験の意味を増加させ、その後の経験の進路を方向づける能力を高めるように経験を改造ないし再組織することである。*　　　　　　　　　　　　（『民主主義と教育』）[*7]

放任された学習活動では、子どもたちは経験を連続的に発展させることはできません。子どもたちが後の経験で役立つ意味を学ぶように、そして、次の経験でその意味を使用するように、学習活動は意図的に連続性をもって計画されなければなりません。その際に、子どもたちに実際にものを取り扱うという活動をさせることが重要です。実際にその対象と相互作用する活動を通じて、意味を発見的に学べるようにし、また、ある結果を生み出すという目的のもと意味を意図的に使用できるようにすることです。

このように実際に行うという学習活動を通じて、実際の活動において知的に行動を導くための能力が発達するのです。

■「子どもの興味・関心の尊重」の必要性

学習活動では、子どもたちが活動に集中して取り組まなければ、子どもは豊富な意味を発見的に習得することはできません。したがって、子どもたちの興味・関心を考慮して、活動を有意義な経験として構成することが重要になります。

デューイは、次のように述べています。

---

* 6　しかし、この原理に対して、「這いまわる経験主義」「表面的な興味への迎合」「教師の指導性の放棄」など非難が浴びせられてきた。

* 7　デューイ、松野安男（訳）『民主主義と教育（上）』岩波書店、1988年、127頁。

> 実際にある衝動ないし興味を満足させるためには，それをどんなに苦労してもやり遂げなければならないということを意味する。　　　　　　（『学校と社会』）[*8]

　大切なことは，興味・関心のある学習活動に子どもを知的に集中させ，その過程で粘り強く努力・訓練や工夫などをさせることなのです。そのようにして多くの意味を発見的に習得したり，やり遂げるために必要とされる技能を練習したりさせることなのです。この点でデューイは，興味・関心と努力・訓練を対立的に考えていません。興味・関心のある活動に集中させて，必然性のある過程において知的な努力・訓練をさせるように主張したのです。

　デューイは，子どもたちが興味・関心をもって集中して取り組み，その過程で必然的に努力・訓練や工夫などがなされ，多くの知識や技能の習得が遂げられる学習活動をオキュペーション（仕事）と呼びました。

■典型的なオキュペーション

　デューイは，オキュペーションについて，社会生活を典型的に反映させる活動が好ましいと述べています。具体的には，次のようなものです。

> 自然の材料の自然な過程に対する科学的洞察力が活発になされる拠点であり，そこから子どもたちが，人間の歴史的発達の認識へと導かれるべき拠点であるのが，学校における仕事の意味するところなのである。　　　　　　（『学校と社会』）[*9]

　つまり，日常生活に結びつけて，日常生活を豊かにするために科学的知識が利用されていること，また，人々がその知識を利用して人間の生活を豊かに発展させてきたことなどを，具体的な体験活動を通じて理解できる学習です。[*10]子

---

*8　前掲『学校と社会・子どもとカリキュラム』，100頁。
*9　同書，79頁。
*10　たとえば，デューイは，糸紡ぎから布を織り衣服を製作するという学習で，このことを説明している。衣服は子どもたちの日常生活に密接に関連している題材である。その活動体験を通じて子どもたちは，羊毛や綿が衣服の材料としてどのように優れており，また役立っているか，糸車や機織り機がどのような原理を使用してどのような構造になっているか，人々がそれらの機械をどのように発達させてきたか，人々が衣服をどのように発展させ，普及させてきたかなどを学ぶことができる。その点でこのような活動の体験は，「典型的なオキュペーション」なのである。

どもが自分の日常生活と関連させて，科学や社会・歴史について学ぶことのできる学習活動といえます。そのような学習活動を通じて，子どもたちに，科学や社会・歴史についての知識を使用して，自分たちの生活を豊かにしていこうとする知性的な態度や能力を育成することを目指すのです。

■子どもの活動性の指導

デューイは，生命体である子どもには，活動に対する衝動が本能として備わっていると述べています。

デューイは本能的な衝動を，抑えるべき悪い要素とは見なしていません。衝動は生命力の発現なのです。それを学習の経験へと連続するように導くことが重要であり，そのことが教師の専門的な役割なのです。デューイは，子どもには，次のような本能とその表出衝動があるといいます。

①社会的本能（言語的本能を含む）―会話的衝動
②ものを作りたいという本能―構成的衝動
③探究する本能―構成的衝動と会話的衝動の結合
④芸術的本能―表現的衝動

子どもたちの年齢段階に応じて，これらの衝動を満たす興味・関心のある活動を組織するのです。題材を子どもたちの生活と関連する事柄から選択します。そして，下学年段階では，実体験，実物や模型などの製作活動，疑似体験や劇化などの構成活動，話し合いなど，「行うことによって学ぶ」ことを重視します。上学年段階では，しだいに探究的な活動に重点を移します。

このように典型的なオキュペーションを学年段階の発達に応じて配列し，子どもたちの経験の連続的・発展的な積み重ねを目指したのです。

（6）教育を通じての社会改良

■協同的探究の経験

オキュペーションには，二つの目的があります。一つは，実際にものを取り扱う経験を通じて，確実性をもって行動を導くための知的能力を高めることです。もう一つは，友だちとの協同的な探究の経験を通じて，そこへの参加に必要とされるコミュニケーション能力を育成することです。

したがって、デューイは、学習活動を子どもたちによる協同的で探究的な課題追究の活動として構成することを主張しました。学習活動が子どもたちにとって興味・関心があり、子どもたちがやり遂げたい課題である場合、子どもたちの間で調整や分担や協力などの必要性が生じます。相互の主張を理解し合い調整すること、相互の所有している知識を伝達して共有すること、相互の個性的な能力を貢献として活用することなどが必要となります。

　このように、必然性あるコミュニケーションをしつつ、課題の達成に協同的で探究的に取り組むという経験を通じて、子どもたちに協同的な探究への参加能力が育つのです。つまり、問題解決を目指すコミュニティの成員としての資質や能力が育成されるのです。

　■小型のコミュニティ、胎芽的な社会

　デューイにとって、学校教育の役割は、子どもを社会的に有能な成員に育てることです。そのために、学校を、子どもたちが協同的で探究的に課題追究に取り組む「小型のコミュニティ、胎芽的な社会」とすることを主張しました。

　デューイは、多様な人々と連帯して協同することが、現実世界の社会的な問題解決のために必要とされると述べています。そのためには、他者の立たされている状況について洞察し共感すること、相互の経験を伝達し合い共有し合うこと、相互の個性を活かし合うことなどが必要とされます。また、このことを、日常的なコミュニティの民主的な生き方として求めています。

　デューイは、学校を、子どもたちがこのような民主的な生き方を、実際の学習活動を通じて身につけ、実際の学習活動において発揮する場とすることを主張したのです。そのようにして、コミュニティの有能な生活者へと育て、さらには、「グレート・コミュニティ」においても、問題解決に有能に参加できる「公衆」へと育てることを目指したのです。

　■学校教育を通じての民主的コミュニティの実現

　デューイは、民主主義社会を社会的な問題の解決を目指す協同的な探究に人々が参加しているという、一種の関係性に本質を見出しました。法律や制度などは、そのような活動への人々の参加を保障するための手段です。しかし、法律や制度などが存在していても、人々に参加能力がなければ、人々はその手

段を使用することはできません。つまり，人々に，参加能力が育成されて参加が可能となることにより，民主主義は実質的なものとなるのです。したがって，すべての人々は教育されなければならないのです。

　デューイはそのために学校に子どもたちが協同的で探究的な課題追究の活動に参加するという関係性を設定し，学習活動をそのような関係性のもとに機能させようとしたのです。そして，そのような関係性の中での経験を通じて，子どもたちの参加能力を育成しようとしたのです。このようにして，学校教育を通じての社会改良を目指したのです。

■個性の尊重と民主主義社会

　デューイによれば，人間は生まれた瞬間からその社会の文化との相互作用を通じて，そのコミュニティの成員として育てられます。しかし，他方，デューイは，人間が新しい文化を創造するという側面を重視します。人間は環境が変化した際に，新しい文化を創造して新しい環境に再適応し，種としての生存を維持してきました。しかも，デューイは，環境の変化は，いつ，どのような方向で発生するかは不確定だと論じています。ヘーゲルやマルクスが論じたような歴史の発展法則はないといいます。環境の変化にその都度，その性質に応じて対応し，それに適した新しい文化を創造しなければなりません。

　新しい文化の創造は，個人の独創的で個性的な閃きから開始されます。しかし，環境の変化は偶発的であり，どのような閃きが有効なのか予想することはできません。したがって，できるだけ多くの個性的な能力を社会の中に育てておくこと，また，思想や表現の自由を保障することが，環境の偶発的な変化に備える最善の方法になります。実際に，一人の個人の個性的で独創的な閃きを出発点にして，新しい文化が生み出されているからです。

　したがって，多様な個性的な能力が教育を通じて発達させられて，社会の中で尊重されることが必要なのです。デューイは，「民主主義社会は変化に強い」と述べています。多様な個性が自由に平等に育てられ，また多様な個性の自由で平等な参加による協同的な探究が可能なことにより，環境の偶発的な変化に高い確実性で対応できるのです。この点で，個性は，コミュニティの柔軟で発展的な更新のために，教育において十分に尊重されなければならないのです。

(7) 教師の専門性
■探究的・実験的な学習指導

　デューイの学習論は，教師の指導性を放棄するものではありません。デューイは，教師は教材の論理的側面と子どもの心理的側面に精通する必要があると述べています。つまり，教える内容についての学識があるだけではなく，子どもの心理的発達，興味・関心の所在，認識の論理など，学ぶ側の子どもについても詳しく知っていなければなりません。学習指導が行われる場面の状況は，教材の内容だけではなく，子どもたちの状態によっても変化します。教師は子どもたちの状態を十分に見極めて，教材の使用や学習活動の展開などを計画しなければなりません。そのようにして，子どもが教材と密度濃く相互作用し，経験の反省的な積み重ねとなる学習活動の実施を目指すのです。

　このように教師は，子どもの経験の連続的な発展という目的のもと，学習活動の指導計画を立てるのです。この点で，学習活動の指導は，探究に基づく実験的な活動です。そこに，教師の知性的な専門性が示されるのです。

(8) 評　価
■「21世紀型能力」における学力観

　デューイの哲学は，第二次世界大戦後，しばらくは評価されませんでした。

　1980年代になり，ポスト・モダン思想がさまざまに論じられて，「近代西洋」の哲学に対する疑問が提起されました。そして，デューイの哲学が「近代西洋」の哲学を超越する論点を有していたと再評価されるようになりました。

　現代の学習論では，知識とは，外部世界との相互作用の方法であり，他者と一緒に活動を行うことを通じて，人の精神の中に構成されていくと考えられています。そのような構成主義的な学習論が一般的になっています。したがって，学習活動を，他者とのコミュニカティヴな協同的な探究の経験として構成することが，学習指導に関する現代的な課題となっています。

　また，学習活動に子どもたちの社会参加を取り込む必要性が論じられています。このような学習活動は，子どもの広い意味でのキャリア形成のために必要な経験です。そのように学校での学習活動と社会での実践活動，学校での現在

の生活と社会での将来の生活との連続を図ることが試みられています。

　知識や学力についての考え方は大きく転換しました。デューイの教育論を，デューイの哲学や社会論など，デューイの思想全体の中に位置づけて再検討することにより，その現代的な意義を明らかにすることができます。

✣ 読書案内────────────

　　デューイの著書は多数出版されている。教育学では『学校と社会』『民主主義と教育（上）（下）』が岩波文庫より，『学校と社会・子どもとカリキュラム』『経験と教育』が講談社学術文庫より刊行されている。
　市村尚久（編）『現代に生きる教育思想1　アメリカ』ぎょうせい，1981年
　杉浦宏（編）『日本の戦後教育とデューイ』世界思想社，1998年
　杉浦宏（編）『現代デューイ思想の再評価』世界思想社，2003年
　田浦武雄『デューイとその時代』玉川大学出版部，1997年
　ボイスヴァード，藤井千春（訳）『ジョン・デューイ──現代を問い直す』晃洋書房，2015年

● ***Column 13*** 　キルパトリック──プロジェクト・メソッドと「生きるに価値ある生活」●

　キルパトリック（William H. Kilpatrick；1871-1965）は，デューイの教育学の影響を受け，子どもたちによる自主的・主体的な探究として展開される学習活動の指導法，すなわち，プロジェクト・メソッドを開発しました。

　プロジェクト・メソッドでは，学習活動に，①目標設定，②計画，③実行，④判断，という四つの段階が設定されています。それは，製作活動，芸術鑑賞，知的探究，技能や知識の習得（たとえば，フランス語の変形文法の容易かつ確実な習得方法の開発）などを内容として行われます。

　しかしキルパトリックにとって，プロジェクト・メソッドとは，子どもたちに自主的な学習活動を指導するための単なるパターン的な方法ではありません。

　プロジェクト・メソッドにおいて本質的なことは，子どもたちの取り組んでいる学習活動が，「目的のある活動」であること，さらにいえば，「社会的環境の中で展開される全精神を打ちこんだ目的のある活動」であることです。子どもたちが，自分たちの取り組んでいるプロジェクトの価値を自覚し，その達成に向けて周囲の世界と相互作用して，全力で知性的に努力・工夫するという活動であることです。いわば「全身全霊」で子どもたちが取り組む学習活動となることです。

　キルパトリックは，そのようにして遂行される学習活動では，子どもたちは全力で自己統制すると述べました。したがって，そのような学習活動の経験を通じて，子どもたちに価値ある目的の達成に向けて，全力で自己統制する能力が育成されるのです。確かにプロジェクト・メソッドでは，知識・技能を，学ぶ方法と統一的に習得することが期待できます。しかし，キルパトリックは，それ以上に，プロジェクト・メソッドを通じて，「付随学習」として，先に述べたような自己統制能力の形成を期待したのです。

　キルパトリックは，自己実現のできる人間には，自己統制能力が不可欠だと考えました。自らの生きる目的を自覚し，その実現に向けて自己の生活を価値あるものにしようと自ら努力する生き方が，「生きるに価値ある生活」なのです。キルパトリックは，プロジェクト・メソッドによって，知性的に自己統制してそのように自己実現を生きる人間の育成を目指したのです。

Column 14　パーカースト——ドルトン・プランと「恐れるものなき人間」

　パーカースト（Helen Parkhurst；1887-1973）は当初，ウィスコンシン州の田舎の単級学校に赴任し，そこで年齢も能力も多様な子どもたちの学習活動を，教師一人で指導する方法の開発の必要性に気づきました。

　その後，ウィスコンシン州の師範学校の教師になり，個別指導法の開発に努めました。1920年に自らが開発した指導法を，マサチューセッツ州ドルトン市の高校で実施しました。そこから彼女が開発した指導法はドルトン・プランと呼ばれるようになりました。同年，ニューヨークに「児童の大学」という小学校を開設して，小学生にも実施しました。

　ドルトン・プランは，小学4年生以上を対象として，主要教科の学習で行われました。学習は，子どもと担任教師との契約に基づいて進められます。子どもは教師から1年間の学習内容を提示され，各自で担任教師と相談し，1か月単位で自分の学習計画を立てます。そして，学習課題や内容，学習方法，使用教材などを示した配当表を作成し，それを担任教師との契約として交わします。

　子どもたちは，毎日，配当表に従って，午前中は各教科別の教科教室に出向き，教科専門の教師の支援を受けて学習に取り組みます。そして，正午に学級の教室に戻り，担任の教師の指導のもと，各自の学習活動の進行状況や問題点などについての話し合いが行われます。午後は，副次教科（音楽，図工，体育，家庭）の学習が，学級単位で行われます。

　パーカーストは，自主的・主体的な学習能力を身につけさせ，責任をもって自分の自由を行使できる人間の育成を目指しました。そのように自分自身を自由に，計画的に成長させる人間は，自分を恃（たの）みとして生きることのできる「恐れるものなき人間」なのです。また，パーカーストは，そのような人間は，独善に陥ることなく他者の言葉に耳を傾け，責任をもって協同に参加することが可能であると述べました。

　ドルトン・プランは，1920年代のロンドンの小学校でも広く採用され，わが国においても成城小学校や明星学園で実施されました。

　ドルトン・プランも，プロジェクト・メソッドと同様に，単なる学習指導の方法なのではありません。根本において，主体的に自らの人生を生きる人間を育成する教育が目指されていることを忘れてはいけません。

3 現代に続く新教育運動の学校
――「自由」を生きる人間の教育――

> **Question**
> ①シュタイナー，フレネ，ニールは，何がその子どもの自分らしい自由な成長に対する妨害になっていると考えたのか。
> ②シュタイナー，フレネ，ニールにとって，自由とはどのような意味だったのか。また，それは他者とのどのような関係を前提とすると考えられたのか。
> ③シュタイナー，フレネ，ニールは，自由に生きることのできる人間を，どのような教育方法によって育てることを目指したのか。

(1) 20世紀初頭の西洋の時代状況

19世紀末，西洋では，ドイツとイタリアも国家統一を果たし，国民国家単位の競争・対立の時代になりました[*1]。また，労働者階級が新しい社会的勢力となりました。マルクスの思想は労働者階級を結びつけました[*2]。

人々は分断された状態にありました。愛国心で結びつけられた国民は，国家間の利害対立によって垂直に，また，企業資本家階級対労働者階級という階級意識によって水平に分断されました。

そのような時代状況の中で，人間の生き方を縛る権威に疑問をもち，自分自

---

*1　統一後のドイツでは，軍備拡張と海外発展政策が進められ，イギリスやフランスとの間に緊張が高まった。東欧のバルカン半島では，オーストリアとロシアとの間で支配権をめぐる緊張が高まった。仏露同盟・英仏協商・英露協商（三国協商）が結ばれ，ドイツ包囲網が形成された。ドイツも，オーストリア，イタリアとの間で三国同盟を結び対抗した（イタリアは伊仏協商により後に離脱）。各国の軍備拡張は続き，「力の均衡」による「武装した平和」という緊張状態が生まれていた。1914年に始まった第一次世界大戦は4年以上に及び，生活必需品が配給制となり国民生活を巻き込む総力戦となった。

*2　1864年の第一インターナショナル（国際労働者協会），1894年の第二インターナショナル（国際社会主義者大会）の結成と，社会主義運動が国際的に発展した。社会的な対立は伝統的保守層と新興商工業者階級との間から，企業資本家階級と労働者階級との間に移った。20世紀に対立は激化し，1917年のロシア革命ではプロレタリア独裁の政権が誕生した。

身の感情に素直な生き方を求めた教育思想家・実践家がいました。いずれも自分自身の人生の主人公として生きる人間の育成を目指しました。他者を信頼し，相互の生き方を素直に尊重し合える社会の実現を訴えました。

（2）シュタイナー

■人智学運動

シュタイナー（Rudolf Steiner；1861-1925）は，1861年，ハンガリーに近いオーストリアの自然豊かな村に生まれました。ウィーン工科大学で自然科学を学び，同時にゲーテの思想研究を深めました。そして，自然全体という生命について考え，霊的世界に関する神秘主義思想を発展させました。

また，1884年から1890年まで，脳水腫の少年の家庭教師を務めました。そして，少年の観察から，その少年に適した学習指導の方法を考えて成果を上げました。文字の読み書きに苦労していた少年は，後に大学を卒業して医師になりました。ここから教育に対する関心と自信を得たようです。

その後，ベルリンに移り，『文芸雑誌』を主宰し，1899年からは労働者教養学校の講師になりました。シュタイナーは，歴史を人間の精神の発達過程として講義しました。シュタイナーの歴史論は，生産力の発達を歴史の原動力と見なすマルクスの歴史論とも，歴史の発展を絶対精神の自己展開によって人間社会に自由が実現される過程と見なすヘーゲルの歴史論とも異なりました。超感覚的な霊的世界の存在を信じ，それとの関係で人間の生き方について考えるという，シュタイナーの神秘主義思想に基づく独自の歴史論です。

一方，この間，神智学協会の集会でも神秘主義思想について講演を行い，その思想を深めました。その後，自らの神秘主義思想を多くの人々の生活に広めることを目的として，1912年に人智学運動を開始しました。そして，スイスのドルナッハにゲーテアーヌムを建設し，そこで自らの思想の講演を行いました。シュタイナーの神秘主義の思想は，芸術，宗教，農学，薬学，医学，教育と広い領域に及びました。

第一次世界大戦後の1919年には，最初のシュタイナー学校である自由ヴァルドルフ学校を開設しました。また，人智学運動を通じて，人々の自由で平等な

交流を目指す社会の三層化運動を提唱しました。

シュタイナーは，1925年に死去しますが，シュタイナーの思想運動は，その後に台頭したナチスによって危険視され弾圧されました。そして，1935年に，人智学運動は禁止されました。ヒトラー（Adolf Hitler；1889-1945）は，ドイツ人の優秀さを強調し，ドイツ人による世界征服の正当性を主張しました。シュタイナーは，すべての人々は霊的な世界と結びついており，平等であると考えていました。現実世界において，人が他の人を差別したり，征服したりすることは，そのような霊的な世界の在り方に反することだからです。

■人々の分裂や対立に対する批判

先に述べたように，20世紀初頭，人々は階級や国家に分裂した生活を強いられていました。シュタイナーは，人々が相互に尊重し合い，自由に交流できる生き方を主張しました。シュタイナーの神秘主義思想では，霊そのものが本来的にそのような存在だと考えられているからです。シュタイナーは先述のような社会の在り方に疑問を投げかけます。自然全体は一つの大きな生命です。人間社会の分裂や対立は人為的に作られたものにすぎません。

市民革命を通じて成立した国家は，国民全員で力を合わせて富国強兵に邁進する国家体制でもありました。国民を精神的に一つにするために，公教育では愛国心と従順な態度の育成が重視されました。シュタイナーからみれば，それは教育を通じて「国家が国民を巧妙に支配する」ことです。そのように国民と国家とを「運命共同体」にすることです。また，民族や文化の異なる「隣人同士を引き裂いてしまう」ことなのです。

また，シュタイナーは，自由放任の経済がエゴイズムを生み出し，相互に対立し合うそれぞれの階級に閉ざされた生活を人々に強いていると指摘しました。そのために人々の間から共同体感覚が失われていると批判しました。

■自由な生き方

シュタイナーにとって，自然は一つの大きな生命であり，社会的な分裂や対立は人為的なものにすぎません。シュタイナーの理想は，人為的な分裂と対立を超えて人々が生きる社会の実現です。現状では，国家，宗教，階級，民族，言語，文化などの相違が，人々の自由な交流を妨げています。それらの相違に

かかわらず，他者と尊重し合う生き方を主張しました。

そのような観点から，シュタイナーは人々が人為的な分断を超えて相互に自由に交流できる生活の実現を目指して，社会の三層化運動を提唱しました。

①精神生活における自由（学びたい文化を他の文化からも学ぶ自由）
②経済生活における友愛（国境を越えて必要なものを売買する自由）
③法・政治における平等（普通選挙による社会正義）

シュタイナーは，これらの「自由・友愛・平等」の実現を訴えました。人々が，階級や国家を超えて尊重し合い，文化的，経済的，政治的に自由に交流し，学び合い，貢献・援助をし合える社会の実現を目指しました。

シュタイナーの目指した教育は，このような意味で自由に生きる人間の育成でした。シュタイナーの思想は国家主義を超えた思想です。1900年代当初，第一次世界大戦に向けて，各国でナショナリズムが高まっていく時代でした。

■「自由学校」での教育

シュタイナー学校は，すべての人に開かれた12年制の学校です。その目的は，「自らの人生に自ら意味を与えることのできる人間を育成する」ことにあります。すなわちシュタイナーが重視したことは，その人が話す内容ではありません。受け売り的に話すのではなく，自分自身で考えて，自分自身の思想を形成することを重視したのです。つまり，人為的な枠組みに束縛されず，自分の生き方について考えて歩む人間なのです。そして，シュタイナーは，自由に生きる人間を育てる教育を一種の芸術と考え，「教育芸術の行われる学校を生み出す」ことを目指しました。

シュタイナー学校では，独自の特色的なカリキュラムと指導方法で学習活動が展開されています。ここではその概略を説明するにとどめます。

第1学年から第8学年では，次のような特色的な教育活動が行われます。

担任教師は8年間，学級の子どもたちを継続して担任します。担任の責任は重く，子どもたちが信頼，安心，尊敬できる，そのような意味で権威ある大人でなければなりません。そのような大人のもとで一貫して育ち，8年後に別かれることにより，子どもたちの自立が遂げられると考えられています。

毎日午前8時から10時までは主要教科の授業が行われます。ただし1教科に

限定して，4〜5週間連続で周期集中的に行われます。エポック授業と呼ばれています。また，文字などの学習は，図形の湾曲，進展，リズム，運動を共感する形態体験によって指導されます。そのような感覚と感性の発達を重視した学習活動は，フォルメンと呼ばれています。10時以降は，外国語，芸術，体育，技術，生活，オイリュトミー（言語・身体芸術）が行われます。

なお，1年生から8年生までの期間には，試験は行われません。

第9学年から第12学年では，各教科は，専門の教師に指導されます。そのようにして学問的な世界に導き入れることが目指されます。また各学年で2〜3週間，農業，林業・測量，福祉，工場で社会実習が行われます。これらの実習を通じて，子どもたちの世界観の形成が目指されます。

13年目には付属コースで大学の入試に向けて準備が行われます。

シュタイナー学校は，現在，世界各地に開設されています。

（3）フレネ

■呼吸器官の損傷

フレネ（Celestin Freinet；1896-1966）は，師範学校在学中に第一次世界大戦に従軍しました。戦争中，毒ガス攻撃を受けて呼吸器官を損傷し，声が出にくい障がいが残りました。しかし，教員になる希望を捨てず，1920年，南フランスのバー・シュル・ルーの小さな小学校の助教員になりました。

その学校の施設は貧弱で，子どもたちは落ち着きがない状態でした。子どもたちは，教科書を教えるだけの授業ではすぐに飽きてしまいます。私語やふざけなどで騒ぎ出し，教室は混乱してしまいます。教師たちは子どもたちを力で抑えつけていました。しかし，呼吸器官と発声に障がいをもつフレネは，子どもを大声で脅して座らせておくことはできませんでした。

ある日，フレネは，昆虫を観察していた一人の子どもが発した言葉に驚かされます。それを作文にすることを思いつきました。そしてフレネは子どもたちを村へ散歩に連れ出し，そこで子どもたちが気づいたことを学校に戻って言わせて板書し，それをみんなで作文にまとめ上げる授業を開始しました。さらに印刷機を購入し，作文を子どもたちの教科書（「生活の本」）にまとめる活動を

開始しました。この学習指導の方法はしだいに多くの教師たちに支持されるようになり，印刷された作文は学校間通信として交換されました。他校との交流を通じて，自分の地域の地理や自然を伝える，相手校の地理や自然を知るなど，社会科や理科に関する学習も行われました。フレネは新教育国際会議に参加したり，ドイツやソビエトの学校を訪問したりしました。

　しかし，1928年から正規の教員として勤務したサン・ポールの小学校では，市当局・地主・聖職者などの保守的な人々の理解を得られず，フレネの支持派対排斥派の対立が地域を二分する抗争となりました。フレネ自身，パー・シュル・ルーでは生活協同組合の運営を中心的に担い，社会運動に積極的に関わりました。取り組んだ教育も，従来のように小作人や労働者の子どもに対して従順さを強制するものではなく，自分の感性を信頼して作文を書き，そこから考えさせる教育でした。そのような点で保守的な人々の警戒と反発を招いたといえます。フレネにはフランス全土から知識人などの支持が寄せられましたが，配置転換を拒否して辞職し，1932年，サン・ポールを去りました。この事件は「緑の教室」という題名で映画化されました。

　その後，1935年，自らの実験学校を設立して教育活動に取り組みました。第二次世界大戦中は強制収容所に投獄されるなど，対独レジスタンスに参加しました。この間，学校は破壊されましたが，戦争終了後に再開されました。

　■自由作文

　フレネは，抽象的な教科書の内容を教師が権威的に教え込むことが，子どもたちから学ぶ意欲を奪っていると感じました。子どもが文字や知識を学ぶには，そのような権威から子どもを解放し，学びたいという意欲が必然性をもって生まれることが必要だと考えました。フレネは，活動体験の中で子どもの心が動いたときに発せられた言葉に注目しました。それを文章に綴らせるとき，子どもたちは意欲的に文字を覚え知識を吸収しようとしました。

　フレネは散歩の途中で子どもたちに観察させたり，体験させたり，地域の人から仕事の話を聞かせたりしました。そして，子どもたちの感動や発せられる言葉に注意しました。そして，教室に戻った後，その言葉を再現させて板書し，全員で話し合ってその文章を作文としてよいものに仕上げさせました。そのよ

うにして子どもたちは，相互の感動に共感し合ったり，表現をよりよくするための言葉の使用について考え合ったりしました。

さらに作文を印刷して教科書や交流校への通信としました。印刷して教科書に製本することや通信として発行することは，子どもたちの学ぶことへの意欲を高めるとともに，社会的な有能感を育てるものでした。また，フレネは作文を充実させるために学習カードを工夫し，また資料集や学級文庫をそろえました。そのようにして子どもたちの自学力の育成に取り組みました。

■公立学校での一教員としての闘い

フレネの自由作文の教育は，子どもが意欲的に学ぶ論理を明らかにし，それに基づいた学習法です。また，子どもたちの感性・協同性・社会性の育成を目指すものでした。この点できわめて革新的な方法であり，子ども中心主義，活動主義，全人教育など，新教育運動の中心的な特徴が示されています。

しかし，当時の新教育運動の学校は，その多くが富裕層の子どもを対象とした私立学校で展開されていました。フレネが革新的であったのは，フランスの当時の平均的な公立小学校で，一教員として独自に新しい教育方法の開発と実践に取り組んだ点です。フレネの取り組みを通じて対照的にみえてくるものは，当時の公立小学校の学校施設の貧弱さであり，伝統や権威に依存して，むしろ子どもたちの学ぶ意欲を喪失させる教育方法です。またサン・ポール事件では，当時の人々の意識の保守性や有力者による地域支配の構造が明らかにされます。フレネの新しい教育への取り組みが，公立小学校の一教員によって開始されたことは，新教育運動の他の教育実践と比較して，きわめて革新的な特徴だと評価できます。現在でもフレネの開発した教育方法は，世界各地の教師たちによって発展的に継承・実践されています。

（4）ニール

■宗教的な権威や抑圧からの自由を求めて

ニール（Alexander S. Neil；1883-1973）は，1883年，イギリスのスコットランドに生まれました。父親は小学校の校長で，厳しい訓練主義者でした。自分の子どもたちに対しても，強制・叱責・体罰を行って育てました。ニールはその

ことを理不尽に感じていました。子ども時代，ニールは妹とお互いの身体の相違を観察し合っていました。純粋な興味からの行為でしたが，母親に厳しく叱責され，大きな罪悪感が残る思い出となりました。

　スコットランドでは，ピューリタニズムの伝統が強く残されていました。親は子どもが堕落しないように，怠けやふざけには「鞭を惜しまずに」対処したのです。ニールの妹との行為は，全く悪意のないものであっても，母親にとってはきわめて罪深い行為だったのです。そのような大人たちの宗教観に基づく子どもへの対応は，子どもに抑圧や恐怖を感じさせるものでした。それに対する反発が，ニールの子ども観と教育観を形成する出発点となりました。

　学校を卒業したニールは，事務員などの仕事に就きましたが，単調な仕事に飽き足らず，職を転々としました。1897年から，父親の勤める小学校で見習い教師をしました。そこでニールは子どもたちと素直な感情を交流する喜びを感じました。1902年，ニールは教員免許状を取得しました。初めに勤めた2校の校長は厳しい訓練主義者でした。子どもたちの遅刻，私語，スペルミスには，鞭で体罰が加えられました。ニールはそのことが子どもの心を傷つけていると感じました。しかし，3校目の校長は，子どもの自由を温かく認めました。ニールはそのような教育の可能性を確信しました。1908年，ニールはエジンバラ大学に入学しました。卒業後，スコットランドで小学校の校長になりました。村の小さな小学校で，伝統的な訓練主義の教育とは異なる，子どもの自由を尊重する教育を実践しました。

　1917年からの軍隊生活でのホーマー・レーン（Homer T. Lane；1876-1925）との出会いは，ニールの子ども観に理論的な根拠と具体的な方法を与えました。レーンは，フロイトの精神分析の理論に基づく子ども理解を試み，また，自治活動の指導によって感化院の不良少年の矯正教育に大きな成果をあげていました。

　その後，ニールは1918年にキング・アルフレッド校の教師になります。当時，イギリスにおける新教育運動の中心校でした。1921年には，ドイツのドレスデンにヘラウ国際学院を開設しました。マルク暴落でポンドが強くなったという事情からドイツに開設しました。しかし，教師たちはニールの理念を理解せず，

子どもたちに権威的・威圧的に対応しました。教師たちの無理解によって行き詰まり，1924年，イギリスに戻りサマーヒル学園を開設しました。
　■サマーヒル学園の教育
　サマーヒル学園は，5歳から16歳までの約60名が在籍する，全寮制の学校です。ニールは，子どもの自由の尊重と教師の権威の否定という方針のもと，次のような特徴的な教育活動を取り入れました。
　①授業への出席の自由
　ニールは，子どもに対する権威的で一方的な強制を排除しました。それは授業の出席についても適用されました。ニールは，子どもが自らの意志で学ぶことを重視し，子どもに出席への意欲が出てくることを待ちました。
　②自治活動への参加
　土曜日の夜に全校集会を開催し，学校生活の規則などについて話し合って決定させました。この集会では，決定に当たっては，ニールなど教師も5歳の子どもも「同じ1票」をもつという点で，参加者全員の平等が尊重されました。そこでは，徹底した話し合いが行われ，相互に対する理解が図られ，相互の自由の尊重の仕方について考え合うことが目指されました。
　③生徒は教師もニックネームで呼ぶ
　ニールは教師たちに自己変革を求めました。つまり，子どもたちとの対等な関係に立つことを求めました。子どもたちを権威で支配しようとするのではなく，そのような関係において人間的な信頼を得ることを求めました。
　④プライベート・レッスン
　ニールは，特に問題を抱えた子どもに対して，個別のカウンセリング的な面談を行いました。ニールは，子どもの問題行動は心の抑圧が原因だと考え，その抑圧から解放することを試みました。時には，一緒に隣の農家の鶏小屋に卵を盗みに入ったり，一緒に校舎の窓ガラスを壊したりという行動もしました。そのようにして子どもの心を拘束している罪悪感を相対化する支援をしました。子どもの心を解放することが，主体的に生きようとする意欲を生み出すための，つまり自立に向けての第一歩だと考えたからです。

第6章　新教育運動と教育論

■「問題の子ども」の背景

　サマーヒル学園には，さまざまな問題行動を起こした子どもたちも入学してきます。しかし，ニールは，それらの子どもの問題行動の根底には，親の権威的で一方的な叱責，体罰，脅しなどによる心の抑圧があると感じました。

　なぜ親は子どもにそのように接するのでしょうか。ピューリタニズムの宗教的伝統が強い地域では，人々は神に救済される人としてふさわしい禁欲的で勤勉な人間であることを，教会の成員たちに常に示さなければなりません。禁欲的で勤勉な生き方が，神との間での内的なものから，世間に示すための外的なものになる傾向がありました。このような宗教的な伝統が，世間的な規準に縛られ，自分に自信をもてない状態を人に生み出していたのです。

　親自身の自分の生き方や感情に対する抑圧と自信欠如が，子どもの心に外的な規準を権威的に押しつけ，子どもの心を抑圧しているのです。ニールは，窃盗や暴力などの非行は，親の権威的な抑圧に対する，子どもの生命のエネルギーの歪んだ噴出と見なしました。ニールからみて「問題の子ども」はいません。「問題の親」が「問題の子ども」を生み出しているのです。

■自由に対する責任

　ニールは，自分自身の自由を尊重して生きる人間の育成を目指しました。自分の人生を主人公として自分自身で生きることができるようにすることです。しかし，それは同時に，他者の自由も同様に尊重できる生き方です。そのような自律的な生き方が育つには，自分自身で自分の在り方を決定するという自由を行使する経験が必要です。学校ではそのことが保障されていなければなりません。

　ニールが目指した学校の在り方の改革は，子どもを規則や権威にあふれた学校に適応させるのではなく，自由に生きる主体が育つように「学校を子どもに適応させる」ことだったのです。

　授業の出席の自由は，自分から学びたいという意欲の回復を待つ時間の保障です。自己決断で授業に出席する自由とは，自分の自由を行使することの保障です。「出ない自由」ではなく，「出る自由」の尊重なのです。

　また，自治活動である全校集会は，自分の自由が他者に尊重されていること

191

を実感する場です。自分の提案を他者が真剣に理解して検討してくれたことなどを実際に経験する場なのです。このようにして自分の自由を尊重するとは，その行使を承認してくれた他者に対して責任をもつことを理解するのです。自分の自由が，他者との関係の中で行使できることを理解するのです。そのようにして，他者の自由を尊重し，その行使を助ける態度も形成されます。

しばしば，次のような疑問が述べられます。たとえば，授業の出席が自由だと欠席する子どもが増えるのではないか，あるいは，全校集会ではふざけた投票もあるのではないかなどです。しかし，自分の自由を尊重できる子どもは，授業に出席しない子どもに影響されません。自分が何をすることが大切なのかを理解しているからです。また，自分の自由を尊重できる子どもは，自分の1票を大切にします。ふざけた投票の結果が，自分や他者の自由にどのような負の影響を及ぼすかについて考えることができるからです。

■自由の主体として生きること

ニールは，外的な規準を権威として心が抑圧され拘束されている人間は，子どもを権威によって抑圧し拘束しようとすると感じていました。それが子どもの問題行動や生きることへの苦しさの原因になります。親になった場合には，自分が受けたのと同じような心の傷を子どもに与えてしまいます。ニールの教育実践では，そのような連鎖を断ち切って子どもの心を解放し，そのうえで自分の自由を行使する経験を通じて，自由に生きる人間を育成することが目指されました。

ニールにとって卒業生が大学教授になろうが，レンガ職人になろうが，それは問題ではありません。ニールが求めたのは「品性であり，誠実さであり，寛容の人である」ことでした。ニールは子どもが訓練されて型にはめられて育てられてしまうことなく，「人生肯定という，より好ましい生き方」ができることを願ったのです。

ニールが重視した自由とは，外的な世間的な規準や体面から自由であるとともに，自分の素直な感情や意欲を肯定的に受け入れることの自由でした。ニールにとって，教師とは，子どもたちの自由で肯定的な生き方の支援者なのです。ニールのサマーヒル学園の実践は，アメリカのサドベリー・バレー校，わが国

の「紀のくに子どもの村」などの学校の教育に影響を与えています。

✜ 文献案内

ニールの著作はきわめて平易に語られており理解しやすい。『ニイル著作集』(全5巻　黎明書房，1995年) を薦める。
子安文『私のミュンヘン日記』中央公論社，1985年
子安美知子『シュタイナー教育を考える』学陽書房，1983年
子安美知子『ミュンヘンの小学生』中央公論社，1965年
子安美知子『ミュンヘンの中学生』朝日新聞社，1984年
シュタイナー，高橋巖 (訳)『子どもの教育』筑摩書房，2003年
高橋巖『シュタイナー教育入門』角川書店，1984年
広瀬俊雄・秦理絵子 (編著)『未来を拓くシュタイナー教育』ミネルヴァ書房，2006年
フレネ教育研究会『フレネ教育法に学ぶ』黎明書房，1986年
フレネ，名和道子 (訳)『フレネ教育の誕生』現代書館，1985年
フレネ，宮ヶ谷徳三 (訳)『手仕事を学校へ』黎明書房，1984年
堀真一郎『ニイルと自由な子どもたち』黎明書房，1999年

[第7章]
現代の教育思想の潮流
―― 「近代西洋」の教育論の超克の試み ――

Introduction

① 本章で取り上げる思想家は,それぞれ「近代西洋」の社会およびそれに基づく制度や思想のどのような特質を取り上げて,それに対してどのような批判を展開したのか。
② それぞれの思想家は,人間や教育についてどのような新しい在り方を提唱したのか。

* * *

「近代西洋」とはどのような時代だったのでしょうか。

これまでの本書の論述をまとめると,人間の合理的・自律的な能力に全面的な信頼が置かれ,それに基づいて社会が構築された時代として特徴づけることができます。したがって,「近代西洋」の教育学の課題は,人間がそのような存在であることを示し,そのような存在になるための道筋とそれを実現するための方法を明らかにすることでした。

もちろんどの時代においても,教育思想は,人間がどのような存在であるのかを示し,そこに至るための道筋を明らかにすることを課題としてきました。つまり,それぞれの時代の教育思想は,その時代社会の状況の中で,それぞれの時代社会の課題に基づいて発生して展開してきました。

では,現代はどのような時代であり,また,人間の在り方をめぐり新たにどのような必要性が要請されているのでしょうか。現代は,「ポスト・モダン」といわれています。「ポスト・モダン」とは,「近代西洋」の制度や思想を,一つの地域の一つの時代の文化として相対化して捉える立場です。そして,「近代西洋」によって生み出された問題を指摘し,それを通じて現代的な課題を明らかにすることを試みています。

では,「ポスト・モダン」は,現代の時代状況との関連において,「近代西洋」のどのような特質を否定的に再検討しているのでしょうか。また,そのような議論は,現代の教育思想にどのような影響を与えているのでしょうか。

たとえば,「近代西洋」において,教育は合理的な判断のできる自律的

な個人を育て,そのような個人の主体的な参加によって民主主義社会が適切に構成されると考えられていました。しかし,現代では,人間はある具体的な特質を有する文化的コミュニティの中に生まれ出て,そのコミュニティの文化を習得することによって,そのコミュニティの成員として生まれ出ると論じられています。そこから学習についても,絶対的・客観的な真理の獲得としてではなく,文化的コミュニティの成員に共有されている生活実践の技法の習得と見なされています。

また,グローバル化した世界において,学校教育には,産業国家の発展に寄与する能力を育成することではなく,異なった文化を有する人々と共生する能力を育成することが要請されています。人々を結びつけるための新しい枠組みとともに,それを構築して参加・貢献する能力が人々に求められています。

人間を取り巻く時代の状況が変化すれば,それに適応するための新しい社会の在り方や人間の生き方へと柔軟に転換することが必要となります。教育にはそのような転換を滑らかに混乱なく促進する機能が求められます。そのような転換の方向を示し,そこに至る道筋と方法を明らかにすることに教育思想の役割があります。そして,その実行は学校教育を通じて行われます。

本章で取り上げる教育思想を手掛かりに,現代の時代状況の特質と課題は何なのか,また,現代をどのような方向に転換して新しい時代を構築していくのかを考えてみましょう。そして,これからの教育においてどのようなことが必要とされるのかについて,みなさん独自の教育思想を構築してみましょう。

1 『教育の過程』から『教育という文化』へ
―― ブルーナー ――

Question
①『教育の過程』の背景にはどのような社会問題と人間観があるのだろうか。
②ブルーナーは貧困家庭の子どもたちについての研究から，どのようなことに気づき，教育でどのようなことを目指したのだろうか。

(1) 社会的・政治的な関心をもった心理学者

ブルーナーはアメリカの心理学者です。彼は認知心理学の生みの親として知られており，認知心理学を観点に『教育の過程』(1960年) という本を書きました。この本によって，心理学者であるブルーナーが教育学でも注目されました。

ブルーナーの教育論は彼の心理学の研究と密接に関係しています。ブルーナーの教育論は，彼が心理学の研究で前提とした人間観，つまり，人間の心は能動的であるという人間観に基づいて構築されています。心理学者なのですから，それは当然のことです。しかし，彼の教育論は心理学以外のことにも関係しています。ブルーナーは「常に人の幸福に関心をもち，また非常に政治的な

ジェローム・シーモア・ブルーナー
(Jerome Seymour Bruner ; 1915-2016)
1915年　ニューヨークに生まれる。
1941年　ハーヴァード大学大学院から博士号取得。
1945年　ハーヴァード大学勤務。
　　　　以降，オックスフォード大学，ニュー・スクール・フォー・ソーシャル・リサーチ，ニューヨーク大学の順に勤務。
　　　　(1957　ソビエト連邦が人工衛星スプートニクの打ち上げに成功)
　　　　60年『教育の過程』
　　　　(1965年　ヘッドスタート計画の開始)
　　　　96年『教育という文化』
2016年　ニューヨークにて死去。

人物[*1]」であり，時に彼は社会的・政治的問題も視野に入れながら，社会のために，人の幸福のために教育を論じています。『教育の過程』にもそれがみられます。

（2）『教育の過程』――「構造」と「発見学習」

1959年にウッズ・ホール会議が開かれ，ブルーナーは議長を務めました。彼の観点からまとめられたこの会議の報告書が『教育の過程』です。

ウッズ・ホール会議は「スプートニクショック」後に開催されています。「スプートニク」とはソビエト連邦が開発し，打ち上げが成功した世界初の人工衛星の名前です。アメリカは人工衛星の打ち上げで競争していたソビエト連邦に後れを取ることになりました。この事態にアメリカは危機を感じ，科学技術教育への関心が高まりました。ブルーナーも「スプートニクショック」を意識した一文を書いています[*2]。このことがウッズ・ホール会議に呼ばれた理由とはいえませんが，科学技術教育の高まりの中で開催されたウッズ・ホール会議の前後に，ブルーナーが「スプートニクショック」を意識していたのは確かです。

『教育の過程』で最も重要な考えは「構造」です。「構造」とは「ものごとの関連」のことです。「構造」は人間の頭の中にあります。人間の頭の中でものごととものごとは関連づけられるからです。ですから，「構造」を学ぶということは自分の頭の中で作りあげた「構造」を発見するということになります。このような学習の考え方を「発見学習」といいます。

ブルーナーによれば，「構造」は「基本的観念」や「原理」から作られます。「基本的観念」や「原理」とは何かを考える際の「考え方」のことです。それゆえ，「発見学習」では学問の「構造」が役立つことになります。学問も「基本的観念」や「原理」から人間によって構築されているため，「構造」があります。この「構造」は教科の「構造」に反映されます。教科は学問を参考に作

＊1　シュミット，野村和（訳）『幼児教育入門――ブルーナーに学ぶ』明石書店，2014年，28頁。
＊2　Bruner, J.S. (1959). "Learning and Thinking," in Bruner, J.S. (ed.) (2006). *In Search of Pedagogy: The Selected Works of Jerome S. Bruner*, Vol. 1. Routledge, p. 30.

られたものだからです。ですから，学問の「構造」を知ることは教科の授業での学習者の「発見」に役立つのです。このように学問が重視されているので，『教育の過程』で示された考え方は学問中心主義と呼ばれています。

　学問に由来する教科の「構造」を「発見」によって学ぶことで，教育の質が高まると考えられました。

（3）教育と文化──個人の可能性と社会的公正

　『教育の過程』での考えの不十分さは1960年代アメリカの「貧困の発見」や公民権運動によってみえてきました。貧困家庭で育った子どもは学校での学びを無意味と感じていることに，ブルーナーは気づいたのです。そのような子どもたちには，どんなに優れた教育方法があっても，効果はありません。

　ブルーナーはその原因を貧困家庭にとりまかれた「文化」にあると考えました。中流階級には中流階級独特の文化があるように，貧しい下流階級にも下流階級独特の文化があります。ブルーナーによれば，下流階級の文化のもとで育った子どもたちは自分に自信をもてず，自分を無力だと感じるようになり，貧乏から抜け出せないと感じてしまうことになります。この貧乏から抜け出せないという思い込みが自分の能力を高めることをあきらめさせてしまうことにつながります。そのような思い込みから抜け出すためにも，ブルーナーは貧しい人々に対し，自分への可能性を感じられるように育てることを主張しました。

　ブルーナーは自身の心理学の研究で，乳児であっても能動的に環境に働きかけることができ，乳児は有能であると明らかにしていました。そして，乳児はきわめて早い段階からさまざまなことを学んでいるとされました。貧困家庭であっても，早めに適切な教育をすれば，よりよい育ちにつながりうるのです。このような発想を，考えをともにする仲間とともに，ブルーナーはアメリカ政府の役人に伝えることで，ヘッドスタート計画[*3]の実施へとつながりました。ブ

---

　*3　ヘッドスタート計画とは，ジョンソン大統領による「貧困との戦い」の一つとして始められた，アメリカ政府が提供する低所得者の家庭の幼児を対象にした健康サービスや就学前の教育支援等を行うプログラムのことである。低所得者層の子どもたちが就学後の教育を円滑に始められることを目指している。

ルーナーがこのような行動を起こしたのも，人の幸福と社会的公正のためです。

　貧困家庭の子どもたちの教育を論じてから数十年後，ブルーナーは「文化心理学」を提唱します。人間の心は文化を無視して理解できないとする立場です。「文化心理学」の立場で書かれた教育の本が『教育という文化』（1996年）です。

　貧困家庭の子どもたちやその他の自身の研究から，ブルーナーは教育を考える際に文化を無視できないことを理解しました。人々が属している文化を無視した教育は，その教育を受ける人々に学びもよりよい成長ももたらしません。

　ブルーナーは「教育は可能性のセンスに油を注ぐ」と述べています[*4]。貧困家庭の子どもたちの教育で訴えていたように，ブルーナーは教育によって子どもたちのよりよい未来が拓かれると考えています。そのためにも，教育を考える際には，「子どもが育っている文化」と「どのような文化が子どもの成長に望ましいか」を考える必要があります。それは個人の可能性と社会的公正という両方の観点から教育を考えることでもあります。

❖ 読書案内

　　シュミット，野村和（訳）『幼児教育入門――ブルーナーに学ぶ』明石書店，2014年

　　ブルーナー，鈴木祥蔵・佐藤三郎（訳）『教育の過程』岩波書店，1963年

　　ブルーナー，田中一彦（訳）『心を探して――ブルーナー自伝』みすず書房，1993年

＊4　ブルーナー，岡本夏木・池上貴美子・岡村佳子（訳）『教育という文化』岩波書店，2004年，56頁。

2　規律・訓練装置としての学校
――フーコー――

Question
① 私たちが主体的になるというとき，それはいかなる状態を意味するのだろう。
②「抵抗の可能性」は，私たちにどのような自由を授けてくれるのだろう。

(1) 権力と知

　フーコーの少年時代，ナチスによるオーストリアのドルフース首相暗殺事件（1934年）や第二次世界大戦（1939年）が発生しました。それらの経験は，その後の彼に実生活上の生々しい脅威（ミクロ）と大きな歴史的出来事（マクロ）との結びつきへの関心を抱かせました。[*1] 現代の産業社会や官僚制国家など巨大なシステムの中では，権力は匿名化され，その対象は個人化されています。私たちの生は隅々まで権力によって巧妙に管理されているように感じられます。そのような問いは，自らを「花火師」と呼ぶフーコーが，[*2] 以前にはみえなかった抵抗の拠点を明らかにして，私たちが前進できるよう打ち上げた大きな「花火」といえるでしょう。

ミシェル・フーコー（Michel Foucault；1926-1984）
1926年　フランスのポワティ市に生まれる。
1948年　哲学学位取得。
1951年　大学教員資格試験合格。
　66年『言葉と物』。ベストセラーに。
1970年　コレージュ・ド・フランス教授。
　75年『監獄の誕生』
1984年　死去。

---

*1　フーコー，桜井直文（訳）『ミシェル・フーコー　真理の歴史』新評論，1986年，141頁。
*2　フーコー，中山元（訳）『わたしは花火師です――フーコーは語る』筑摩書房，2008年，8〜9頁。

特にフーコーは、近代において私たちの生き方や社会を規定してきた「大きな物語」や「大文字の真理」が、いわゆる歴史的必然性や唯一の正当性とは無縁であること、むしろ偶然的で恣意的かつ戦略的に――すなわち権力的に――生成されてきたことを明らかにしました。つまり彼は、「権力と知と真実」との密接な関連性に注目したのです。フーコーによれば、知と一体化する権力の在りようは近代以降に特徴的です。また権力的な知の取得は、社会に生きる諸個人にとって、有用的で生産的でもあるため広く受容されています。

なぜ権力は存在し続けるのでしょうか。しかし一方的な権力批判は、権力の内在的な実態が明らかにされない限り有効なものにはなりません。こうした疑問に答えるうえで、「権力と知と真実」との関連を指摘するフーコーの分析は重要な示唆を与えます。フーコーは、次のように答えています。

> 権力はたんに「否」を宣告する力として威力をふるっているわけではなく、ほんとうはものに入りこみ、ものを生み出し、快楽を誘発し、知を形成し、言説を生み出しているからなのです。権力を、抑圧機能しかもたない否定的な力だと考えるのではなく、社会全体の全域にわたって張りめぐらされた生産網なのだ、と考える必要があります。　　　　　　　　　（『フーコー・コレクション４　権力・監禁』[*3]）

権力は、まるで「毛細血管のようなごく細い管で構成されたきわめて密なネットワークで運ばれるもの[*4]」なのです。ゆえにフーコーは、ミクロな水準で作用する権力テクノロジーの存在を視野に入れる重要性を指摘して、その典型例として学校教育を取り上げています。

（２）学校規律

フーコーによれば近代以降、権力は抑圧的で強制的な性格から、生産的で有用な性格に転換します。新たな権力は、資本主義社会で人が自己を統治するために、また他者から評価を受けるために不可欠な知の体系として作用します。

---

*３　フーコー，小林康夫・石田英敬・松浦寿輝（編）『フーコー・コレクション４　権力・監禁』筑摩書房，2006年，346頁。

*４　前掲『わたしは花火師です――フーコーは語る』，45頁。

それは「規律としての権力」という新たな装いで現れます。私たちは，規律を半ば自主的に内面化するほど，主体的な存在として社会的に一定の評価を受けます。主体は「従属化の諸実践を通じて構成されるもの[*5]」なのです。

　学校教育は，当然のように主体的な子どもの育成を目標とします。学校は「規律としての権力」が普及する舞台装置なのです。フーコーは，次のように述べています。「学校…（略）…では，のちにやがて，諸規則・諸規定の精密さ，査察の細心の注意をはらった視線，生活および身体のごく些細な事態に対する取締りが，微細なるものと無限なるものへの，一途な信心にもとづくこうした計算に，脱宗教的な内容を，経済や技術中心の合理的組織化を与えるようになるだろう[*6]」。

　フーコーは，規律・訓練装置としての学校は17，18世紀に登場したといいます。生産に奉仕することが求められる近代社会では，学校は「まず，真の意味で（つまり権力が個人個人の身体，身振り，態度，日々の行動にいたるまで浸透している，という意味での）権力の肉体化が実現されている必要[*7]」がありました。たとえば，閉鎖的な教室空間，教壇と机の配置，トイレや食堂のデザインに現れる階層秩序的な監視装置，初等教育に顕著な係りの分有などは，いずれも階層秩序化される相互の視線を通じた規律の身体化や内面化を可能にしました。同時に，規律・訓練的な賞罰や，善・悪の基準に基づく成績・行為の評価や試験によって，子どもたちの差異化，規格化，同質化，規格外の排除も進められました。「個々人の能力・水準・〈性質〉を量として測定し価値として階層秩序化すること。その〈価値中心の〉尺度をとおして，実現しなければならぬ適合性にふくまれる束縛が働くようにすること。最後に，すべての差異との関連での差異を，規格外のもの…（略）…についての外的な境界を定める限度を描き出すこと[*8]」等々です。規律・訓練型の近代的な権力の普及にとって，まさに学校制

[*5]　フーコー，小林康夫・石田英敬・松浦寿輝（編）『フーコー・コレクション5　性・真理』筑摩書房，2006年，344頁。
[*6]　フーコー，田村俶（訳）『監獄の誕生――監視と処罰』新潮社，1977年，146頁。
[*7]　前掲『フーコー・コレクション4　権力・監禁』，357頁。
[*8]　前掲『監獄の誕生――監視と処罰』，186頁。

(3) 自由の実践

しかし学校における人間相互の権力関係は，固定的で不可逆なものではありません。むしろ「可逆的で逆転可能なもの[*9]」だとフーコーは強調しています。たとえば教師が子どもに既存の知や真理を伝達する権力関係は，それ自体は悪ではありません。重要なのは「子どもが教師の勝手で無益な権威に従わせられたり，学生が権威主義的な教授の言いなりにさせられたりするような支配の諸効果を避けるにはどうしたらよいのか，ということなのです[*10]」。

仮に「権力の諸関係とは，個人が他者の振る舞いを導き，決定するためのさまざまな戦略[*11]」を意味するならば，それを「戦略的なゲーム[*12]」とみることが現実的に重要な意味をもちます。特に知をめぐるコミュニケーションを介した人間関係に不可避な力関係――「一方が他方の行動を指揮しようとする[*13]」互いの抗争関係――は，学校教育にも該当します。ゆえに，それが一方的な支配関係に陥るのを回避する自由，主体の同一化をずらす自由も重要な教育的課題となるのです。その意味で，学校教育のもう一つの目標である子どもの自律化とは，「解放の諸実践，自由の諸実践[*14]」を通じて文化的条件の影響は受けつつも，なお抵抗の余地や可能性を探究する資質の育成といえるでしょう。

❖ 読書案内
　田中智志『教育思想のフーコー――教育を支える関係性』勁草書房，2009年
　ポール（編），稲垣恭子・喜名信之・山本雄二（監訳）『フーコーと教育――〈知＝権力〉の解読』勁草書房，1999年

---

*9　前掲『わたしは花火師です――フーコーは語る』，113頁。
*10　前掲『フーコー・コレクション5　性・真理』，331頁。
*11　同書，330頁。
*12　同書，330頁。
*13　同書，316頁。
*14　同書，344頁。

3 「学校化」された社会に対する疑問
──イリイチ──

> **Question**
> ①イリイチが論じた「学校化」の意味，そしてその背景にあった問題意識とはどのようなものだったのだろうか。
> ②「学校化」の問題について論じることによって，イリイチは人々にどのような生き方を伝えようとしたのだろうか。

(1) 批判すべき「学校化」の意味

教育の領域において，イリイチは「学校化」(schooling) や「脱学校化」(deschooling) 等の言葉を用い，現代の学校の在り方・義務教育制度としての学校の在り方について批判的検討を行った人物です。イリイチはどのような問題意識から現代の学校制度のどのような側面を批判したのでしょうか。

イリイチはニューヨークへと渡り，カトリックの聖職者として，プエルト・

イヴァン・イリイチ（Ivan Illich；1926-2002）
- 1926年 オーストリアのウィーンに生まれる。ローマのグレゴリアン大学にて神学・哲学を学ぶ。ザルツブルク大学にて歴史学を学び，博士号を取得。
- 1951年 ニューヨークに渡り，カトリックの聖職者として移民の多く住む教区にて宗教活動を行う。この経験からラテン・アメリカの問題に関心を向ける。
- 1956年 プエルト・リコのカトリック大学の副学長に就任。(1959年 キューバ革命)
- 1961年 メキシコのクエルナバカにおいて国際文化形成センター（CIF）の設立を主宰。
- 1966年 同センターが国際文化資料センター（CIDOC）に改組。
  71年『脱学校の社会』
  73年『コンヴィヴィアリティのための道具』
  81年『シャドウワーク』 82年『ジェンダー』
- 2002年 ドイツのブレーメンにて死去。

リコ系移民をはじめ多くの人々と豊かな交流をもちました。イリイチはそこで，「プエルト・リコの文化や生活様式をそのまま維持[*1]し活発に生きる人々の姿を目にしたといいます。他方，その後に起こったキューバ革命への反応としての「進歩のための同盟」等，ラテン・アメリカに対する政策に代表されるような，先進諸国からみて「貧しい」国の人々の生活・文化水準を引き上げようという動きが当たり前のように生じている状況に，イリイチは大きな疑問を抱きました。イリイチには，これは先進的かつ進歩的と評価される特定の価値の押しつけであり，ある文化を一方的に強要しているように思えたのです。

「学校化」の問題は，このようなイリイチ自身の問題意識を内包しつつ主張されています。「学校化」という概念の意味するものは複雑であり，それを一言で表現することは容易ではありませんが，先行研究者の言葉を借りるならば，たとえば次のように説明されます。「一つには，学校化は，本来は本人の必要にもとづいて自主的・自発的におこなわれるはずの学習が，学校によって他律的・強制的に編成された知識パッケージを受動的に消費させられてしまう過程に転化してしまう状況，およびこの状況が自明化している状態，を意味している[*2]」。つまり，本来自律的であるべき学習が，学校により強制されて行われる何ものかとなり，そしてそれが当たり前のものと考えられてしまうことが「学校化」の意味といえます。留意すべきなのは，「学校化」の意味することが，単に学習を強制されるということにとどまるものではないということです。

「学校化」は，イリイチにとっては産業社会の拡大，あるいは官僚制的な専門機関の発達に伴う現象でもありました。そして，そこで批判される産業的なものの意味こそが「他律様式支配[*3]」であり，「産業社会的なものとはそれが社会画一的に社会構成されたもの[*4]」とされます。産業社会の拡大と，官僚制的な専門機関の発達，専門職の権威化の流れの中で，学校が教育的商品を提供する

---

* 1　小澤周三・小澤滋子「解説」イリッチ，東洋・小澤周三（訳）『脱学校の社会』東京創元社，1977年，213〜214頁。
* 2　森重雄「学校化」教育思想史学会（編）『教育思想事典』勁草書房，2000年，87頁。
* 3　山本哲士『イバン・イリイチ——文明を超える「希望」の思想』文化科学高等研究院出版局，2009年，67頁。
* 4　同書，67頁。

権威ある装置となったとき,「学校においては，教師が他律的な教育サービス労働でもって教育商品を提供し，子どもたちの学ぶ自発性＝自律行為を麻痺させ」[*5]てしまいます。イリイチによれば，このような「学校化」が進めば，生徒は「教授されることと学習することとを混同するようになり，同じように，進級することはそれだけ教育を受けたこと，免状をもらえばそれだけ能力があること，よどみなく話せれば何か新しいことを言う能力があることだと取り違えるようになる」[*6]といいます。「学校化」された社会においては，「何を学びたいのか」，そして「何に学ぶ価値があるのか」を人々が自律的に判断することができず，他者である教師や制度としての「学校」に決められてしまうのです。イリイチはこれらの事柄を価値の制度化と捉え，人々の自律性の喪失を招くと批判しました。「学校化」批判の意図の一つには，この価値の制度化と，それに伴う自律性の喪失という危機の提示があったと考えられます。

（2）「脱学校化」への試み

イリイチは，他律性を無意識に強要する義務的「学校」の在り方を批判しています。では，学ぶ人々が他者の提示する価値に縛られずに自律的に生きるには，教育制度はどのように変わることが求められるのでしょうか。イリイチが代替案として提案したのは「機会の網状組織」(opportunity web)[*7]と呼ばれるシステムです。イリイチは，学習に必要な要素として事物，模範，仲間，年長者をあげています。「機会の網状組織」とは，これらの要素と出合うことを促す仕組みであり，学習者の自律的な意志に基づく学習を促すものです。たとえば，学習に必要な事物をいつでも参照できるよう保管することや，学習のための気の合う仲間に容易に出合えるように，コンピューターに個人の情報を登録すること等です。しかし，「具体性に乏しく，実現性のあるものとはいいがたい」[*8]

---

*5 　前掲『イバン・イリイチ――文明を超える「希望」の思想』，68頁。
*6 　前掲『脱学校の社会』，13頁。
*7 　同書，142頁。
*8 　椙山正弘『アメリカ教育の変動――アメリカにおける人間形成システム』福村出版，1997年，252頁。

という批判もあります。

(3)「コンヴィヴィアリティ」という生き方

イリイチによる「学校化」への批判,「脱学校化」論を受けて，われわれはどのような意味をそこに見出すべきでしょうか。教育者・保育者を志す人々にとっては大きな問題となりえます。公教育制度としての学校は教育者にとって主要な活躍の場であるのですから，イリイチの主張をどのように受け止めるのかは，避けては通れない課題となるはずです。

イリイチは「コンヴィヴィアリティ」(conviviality) という言葉で，現代人のあるべき生活の一側面を示しています。「自立共生」あるいは「自律協働性」とも訳されますが、*9 高度に発達した科学技術，産業主義的制度等も広く含まれる「道具」や他の自律性に一方的に支配されずに，それらとのバランスをとりつつ自らの意志と行為が及びうる範囲で自律的かつ自由に生きる個人の様を示すものです。現代の人々にとっては，イリイチの「脱学校化」論も影響力の大きな「道具」の一つとなるでしょう。この「道具」とどのように付き合い，どういうふうに解釈し，何を自らの自律的判断として選択するのか。これは「脱学校化」論を知る人々，特に教育者に残された重要な課題といえます。

❖ 読書案内

　イリイチ，渡辺京二・渡辺梨佐（訳）『コンヴィヴィアリティのための道具』筑摩書房，2015年

　イリッチ，東洋・小澤周三（訳）『脱学校の社会』東京創元社，1977年

　山本哲士『イバン・イリイチ――文明を超える「希望」の思想』文化科学高等研究院出版局，2009年

＊9　イリイチ，渡辺京二・渡辺梨佐（訳）『コンヴィヴィアリティのための道具』筑摩書房，2015年，39頁。また，前掲『イバン・イリイチ――文明を超える「希望」の思想』，75頁。

4 教育を支える人間学的考察
——ボルノー——

> **Question**
> ①「言語」と「人間形成」は，どのような関わりをもつのだろうか。
> ②教育における「連続性」と「非連続性」とは，どのようなことだろうか。

(1) 言語における人間の自己生成

ボルノーは，言語と人間形成との関わりについて思索を深めました。人間にとって言語やそれを使用することは，人間存在にとって本質的なことがらです。言語の教育は，人間が人間として成長するうえでどのような意義を有しているでしょうか。また，どのように行われなければならないのでしょうか。

第一にボルノーは，次のように述べています。

> *言語においては，ただの世界の開示ということが起こるだけではない。人間自身もまた，言語によってはじめて人間本来の本質にまで展開する。これら二つの過程は必然的に交互に作用し合っており，互いに補い合う関係にある。この第二の側面である，言語における自己展開ということが重要な視点となる。* （『言語と教育』[*1]）

さらに，「人間は，言語によって初めて感情およびその他の心的諸力ととも

オットー・フリードリッヒ・ボルノー
(Otto Friedrich Bollnow：1903-1991)
1903年　ポーランドに生まれる。
1925年　ゲッチンゲン大学にて博士号（理論物理学）を取得。
1946年　マインツ大学哲学部教授。
1953年　チュービンゲン大学哲学部教授。
1991年　チュービンゲンにて死去。

＊1　ボルノー，森田孝（訳）『言語と教育——その人間学的考察』川島書店，1969年，226頁。

に理性を所有するに至る」と言います。

このように言語の習得は、単なる表現手段や理解手段の習得ではなく、言語による人間形成そのものなのです。人間は言語の中に自己を表出するだけではなく、言語によって人間形成を行うのです。つまり、人間は自己を表出した言語を通して人間そのもの、人間として本質的にあるべき姿になるのです。精確で的確な言語を獲得し、その使い方の訓練をするほど、人間は生きていくうえでのきわめて明確な選択と、それを実践していくエネルギーを備えていくのです。

ボルノーは、以下のように述べています。

> そうして、ここには、教育上の問題がある。すなわち人間の形成に影響を及ぼすのに、彼の言語によるよりも適切な手段はないのである。しかも、それは独特な間接的な方法である。すなわち、私は直接に彼の人柄に働きかけようとするのではなく、私は彼の言語へのまわり道において彼を捕捉するのである。すなわち、彼の言語形成作用から出発して彼自身の本質へと遡及していく。　　　　　（『言語と教育』）

さらにボルノーは、次のように述べています。

> 人間が精確に事象に対してものを言う能力を形成する際に、当の人間がこうむるこれらの人間を形成する作用にならんで、もう一つの作用がある。それは人間自身が言語という媒介物の中で対象化され、自分の外的世界だけでなく自分の内的世界をも、自分の言語の導きの糸によって知るに至るのではないだろうか。（中略）自分の徳性と自分の悪徳、自分の心的諸性質、及び自分の道徳的態度を人間は、最初から言語による解釈の中で、まるで外界の物でもあるかのように経験するのであり、彼は彼の本質を言語的にあらかじめ与えられた諸形式の中で形成するのである。
> 　　　　　（『言語と教育』）

このように、人間は言語によって自己の本質を把握するのです。

＊2　前掲『言語と教育』，227頁。
＊3　同書，228頁。
＊4　同書，229頁。

(2) 教育における非連続的形式の可能性

従来の教育においては，連続とそれに基づく陶冶性が教育の絶対に曲げられない前提でした。しかしそのような連続性は教育の絶対的な唯一の前提でしょうか。ボルノーはこの自らの問いに対して，次のように答えています。

> この前提は根本的に疑いに付せられる。これまでただ一方的に偏って向けられていた教育理論のまなざしからはずれていたもう一つの形式，すなわち生と教育との非連続的形式があるのではないかと問う必要がある。……伝統的（古典的）教育学は，連続的事象のみを扱う教育学，連続的形式の教育学であった。しかしこれに対し非連続的事象を扱う教育学の可能性もまた大きな問題となる。もしこの可能性が証明されるならば，これまでに挙げられてきた二つの形式の他にさらに新しい理論的にまだ研究され尽くされていない教育学の諸形式が生み出されることになろう。　　　　　　　　　　　　　　　　　（『ボルノー実存哲学と教育学』）[*5]

そして，ボルノーは非連続的な局面の教育的意義・効力に対して次のように期待し，真摯に方向づけようとしています。

> 教育学の理論においてこれまでたいそうなおざりにされていた現象，たとえば良心への呼びかけ，訓戒と叱責，人間のうちにまどろんでいる可能性の覚醒がこのようにして，教育学の真正の根本概念の性格を帯びることになる。これらの現象の理論的な討求は，この見地からすれば優れて体系的な意義をもつ。一般的に言って，連続的な教育事象を扱う古典的な教育学を，それに対応する非連続的形式を扱う教育学によって拡大することが目標である。それというのも実存哲学が教育面で実りあるものとなりうるとすれば，それはただこのような非連続的な教育形式の理論においてのみ，効力を発揮しうるからである。　　　　　　（『ボルノー実存哲学と教育学』）[*6]

(3) 教育的概念としての覚醒

ボルノーは，教育学の実り多い概念として，シュプランガー（Eduard Spranger；1882-1963）の「覚醒」の概念をあげます。彼は〈内的世界の覚醒〉

[*5]　ボルノー，峰島旭雄（訳）『ボルノー実存哲学と教育学』理想社，1966年，24〜25頁。
[*6]　同書，26〜27頁。

のうちに「人間となることの全く新しい次元」[*7]を提唱します。彼はここで〈覚醒〉と呼ばれる事象の本質を追求して「〈覚醒〉という言葉が，効果を見積もろうとすれば見積もれる教育学上のテクニックを扱うのではないこと，また，熟練の独創的な人間が随意に操作しうるような教育技術を扱うのでもない。そこではただ敬虔な献身に対してのみ恵まれうるであろう本当の意味での恩寵が始まるのである」と述べています。[*8] 教育者はこの次元において，魂の奥底深く達する「窮極的なもの・最高価値的なもの，つまり聖なるもの」[*9]への関係としての〈内性を覚醒〉させることを求められます。ボルノーはこのことから，シュプランガーにとって教育上の決定的な課題は「形而上学的な諸力が心的諸能力の働きのうちに発現することを可能にする良心の覚醒である」[*10]とまとめています。

❖ 読書案内

広岡義之『ボルノー教育学研究（上巻・下巻）』創言社，1998年
ボルノウ，森昭・岡田渥美（訳）『教育を支えるもの』黎明書房，2006年
ボルノー，岡本英明（訳）『畏敬』玉川大学出版部，2011年

---

*7　前掲『ボルノー実存哲学と教育学』，64頁。
*8　同書，64～65頁。
*9　同書，65頁。
*10　同書，65頁。

5 公共性を支えるもの
——アレント——

> **Question**
> ①アレントは「公共的」(public) であることの意味をどのように論じ，公共的な営みや人々の関係性の条件について，どのような議論を展開したのだろうか。
> ②アレントの議論を踏まえて，私たちはどのような人々の関係性や公共性の在り方を新たに構想することができるだろうか。

（1）全体主義のあとで

アレントは，ドイツ系ユダヤ人の政治哲学者です。ナチス政権下で亡命を余儀なくされ，第二次世界大戦後アメリカで多くの著作を残しました。彼女の一貫した問題関心は，〈他者とともに生きる〉ということにありました。アレント自身，抑留キャンプに収容された経験をもち，身をもって全体主義という歴史的出来事に直面した一人として，この問題に生涯をかけて取り組んだのです。

ハンナ・アレント（Hannah Arendt ; 1906-1975）
1906年　ドイツ・ケーニヒスベルクに生まれる。
1924〜28年　マールブルク大学，フライブルク大学，ハイデルベルク大学の各大学で，ハイデガー，フッサール，ヤスパースらに哲学・神学を学ぶ。
1933年　ナチス党が政権を奪取。最初にパリ，次いでアメリカに亡命。
51年『全体主義の起原』
58年『人間の条件』
1961年　雑誌『ニューヨーカー』の特派員として，アイヒマン裁判を傍聴。
62年　裁判の報告書『イェルサレムのアイヒマン』での議論をめぐって，出版直後から激しい論争が巻き起こる。
1975年　心臓発作のため死去。『精神の生活』は，未完のまま1978年に出版。

彼女は,「全体主義の台頭にかんして恐るべきことは, それがたんに新しいということだけではなく, 私たちの思考のカテゴリーと判断基準の破滅を明るみにしたということである」と述べています[*1]。つまり, 全体主義の経験は, 私たちは思考の導き手となるような普遍的な基準や究極的な価値といったものをもはやもっていない, という現実を突きつけたのです。彼女にとって衝撃的だったのは, ナチスの絶滅収容所に象徴されるように, 自分とは異なる背景や意見をもつ人々の存在を丸ごと無にし, 意味のないものにする試みが実際になされたことです。こうした経験は, それまでの政治理解の枠組みでは決して捉えることができないものです。そのような「手すりなき思考」の時代において,〈他者とともに生きる〉ということ, そうした営みとしての「政治」や「公共性」をどのように理解すればよいのか, 人々の間の関係性をどのように構築していけばよいのか, ということが切実な問題となったのです。

　以上のような問題関心のもとに紡がれたアレントの思想は, 教育の公共性や市民性教育など, 教育をめぐる現代的課題を考える際にも重要な示唆を与えるものです。本節では, 彼女の思想を,「活動」(action)と「思考」(thinking)に着目してみていくこととします。

（2）「公共的」(public) であるとはどのようなことか
　　　──「活動」(action) としての政治

　アレントは『人間の条件』(1958年)の中で,「公共的」であることの意味として,「現われ」(appearance)と「世界」(world)の二つをあげています[*2]。

　「現われ」とは, 人々の間でなされる言論と行為を通して, 社会的役割や属性から離れて, それぞれ「唯一性」(uniqueness)をもつ存在として他者に「見られ, 聞かれる」ことを指します。アレントはこうした経験を「活動」と呼び,「活動」にこそ「政治」という営みの核心があると論じました。

　また,「世界」については二つの意味があります。まず, 人々の間にある人

＊1　アーレント, コーン（編）, 齋藤純一・山田正行・矢野久美子（訳）『アーレント政治思想集成2　理解と政治』みすず書房, 2002年, 136頁。

＊2　アレント, 志水速雄（訳）『人間の条件』筑摩書房, 1994年, 75〜87頁。

工物の「世界」という意味です。私たちの生活を取り囲む人工物は，生命維持のための食べ物などとは違い，個々の人間の生命をこえて残り続けます。アレントは，人工物がもつこうした耐久性が，人々が共に住まう「世界」を安定的なものにし，「活動」の舞台としてふさわしいものにしていると考えました。

　「世界」のもう一つの意味は，「活動」を通して人々の間に創出される，「人間関係の網の目」(the web of relationship) です。こうした関係は，人々が集まっていれば常に生じるわけではありません。なぜなら，社会的役割や属性とは異なる位相で，つまり，互いに固有な存在としてみられたり，意見が聞かれたりする限りにおいて，私たちは「活動」しているからです。そして，このような経験を共有する人々の間で取り結ばれる関係が「世界」と呼ばれるのです。

　こうしたアレントの議論の出発点には，人間の「複数性」(plurality) への関心があります。人は単数で大文字の「人間」としてではなく，「世界」に共に住まう複数形の「人々」の一人として生きています。「政治」や公共性は，人々が互いに異なる存在として出会うときにはじめて成立するものなのです。

（3）何が公共性を支えるのか――「思考」(thinking) の孤独がもつ意義

　それでは，アレントがいう「政治」ないし公共性は，何によって支えられるのでしょうか。彼女の「思考」論に着目して考察します。

　アレントによれば，思考それ自体は公共的なものではありません。それどころか，その営みは公共性と対立することもあります。思考は他者との関係から離れて孤独のうちになされ，時として「活動」に対して批判的な距離をとるからです。アレントは思考の特質についてどのように考えたのでしょうか。

　第一に，私たちは思考するとき，他者と共にいることはできません。思考とは「一者のなかの二者」(the two-in-one) の対話，言いかえれば，私と私自身との内的な対話です。私たちは思考において自己と共にいるのです。

　第二に，思考の営みは，確立されているあらゆる規範や価値を不断に問い直す営みです。こうした問い直しの作業は，所与の規範や価値を破壊する影響力をもっています。アレントが，危険思想などはなく思考そのものが危険なのだと述べているのは，思考がもつこのような破壊的性格を指してのことでした[*3]。

第三に，思考は副産物として良心を生み出します。アレントによれば，思考における内的対話が成立するのは，対話する二人の「私」が調和的な関係にあるときです。ですから，私が私自身と共にいられなくなるような行為をすると，思考は不可能になってしまいます。アレントはこれを良心と呼んでいます。

　思考とは，他者との関係から離れて，あらゆるものを不断に問い直す営みだということ，また，思考する者がなしうる行為には限界があるということを踏まえるならば，思考の結果，「活動」には参加しない，それどころか，それに対して批判的なまなざしを向ける，ということは十分にありえます。このような意味で，アレントは，思考それ自体は非公共的だというのです。

　しかし，逆説的なことに，思考の意義はそのような非公共的な性質をもつ点にあると彼女はいいます。なぜなら，人々がみな特定の方向を向き，他者に追随しているような危機的状況においては，思考の結果「活動」への参加を拒否することが，きわめて重要な公共的意義をもつからです。このことは，ナチス体制下の政治状況を思い浮かべれば明らかです。また，あらゆるものを問い直す思考の営みは，私たちの判断力が正常にはたらくこととも深く関わっています。社会における規範や価値を所与のものと見なしてなされる判断は，本来的な判断ではなく，差別や偏見を強化することにつながってしまうからです。

　公共性を支えるものとして，アレントがそれ自体としては非公共的な「思考」の重要性を論じたことは，見落とされてはいけません。

✣ 読書案内

　　生田久美子『ハンナ・アーレント――「戦争の世紀」を生きた政治哲学者』中央公論新社，2014年
　　川崎修『ハンナ・アレントの政治理論――アレント論集Ⅰ』岩波書店，2010年
　　小玉重夫『難民と市民の間で――ハンナ・アレント『人間の条件』を読み直す』現代書館，2013年

＊3　アーレント，佐藤和夫（訳）『精神の生活（上）』岩波書店，1994年，204頁。

人名索引

ア 行

アーノルド 157
アウグスティヌス 20,26,27
アクィナス 24,25
アリストテレス 13,16,24,25,45
アレント 214
イリイチ 206
ウィネッケン 158
ヴェサリウス 45
ヴォルテール 62,134
エマソン 150
エラスムス 32,33,36,37,44
オウエン 124,128
オットー 159
オルコット 151

カ 行

カエサル 14
ガリレイ 52
カルヴァン 55,143
カルノー 118
ガレノス 45
カント 53,71,74,78,85,104
カンペ 139
キケロ 14,15,17-19,26,35
ギゾー 118
キルパトリック 180
クインティリアヌス 17-19
グリム兄弟 95
ケイ 163
ゲーテ 95,183
ケプラー 52
ゲヘープ 158
ケルシェンシュタイナー 140
コペルニクス 45,52
コメニウス 46-48
コレット 36,37

コンディヤック 62
コンドルセ 115

サ 行

ザルツマン 139
ジェファーソン 145
シェリング 93,95
シャトルワース 129
シュタイナー 183
ジュフェルン 136
シュプランガー 212
シラー 93,95
スペンサー 166,168
スミス 166
セネカ 17
ソクラテス 7,12,16

タ 行

ダーウィン 166,168
タレス 12
ツィラー 106
ディドロ 113
デカルト 52,72
デューイ 150,164,180
デュルケーム 121
ドモラン 157
トラップ 139

ナ 行

ナポレオン 112,117,134,137
ニール 188
ニュートン 52,56

ハ 行

パーカー 152
パーカースト 181
バーナード 147
ハーン 158

パウロ　21
バセドウ　139
ハリス　148
ビスマルク　137
ヒッポクラテス　45
ヒトラー　184
ピュタゴラス　12
フィヒテ　93,95,103,108,135,136
フーコー　202
フェリー　119
フォースター　130
フス　47
プラトン　9,16
フランクリン　144
フリードリヒ大王　75,134,139
ブルーナー　198
ブルーム　128
フレーベル　78,91,92,107,137
フレネ　186
フロイト　189
プロタゴラス　12
フンボルト　95,108,136
ヘーゲル　95,168,177,183
ベーコン　48,52
ペスタロッチ　78,80,91,93,103,107,137
ベル　126
ヘルバルト　79,91,102
ベンサム　132

ホッブズ　56
ホメロス　5
ボルノー　210

マ　行

マルクス　168,177,182,183
マン　147
ミル，J.　132
ミル，J.S.　132
メランヒトン　42,44
モンテッソーリ　101

ラ　行

ライン　106
ラヴェット　127
ラブレー　34
ランカスター　126,128
リーツ　158
ルソー　49,53,61,72,74,78,85,89,91,99,139
ルター　31,39-42,44
レーン　189
レディー　157
ロイヒリン　44
ローバック　129
ロック　49,53,54,56-60,72,74,78,85,125,139,166
ロベスピエール　114,117

事項索引

ア 行

アカデメイア 13
アテナイ 2,4
アノミー（剥き出しの欲望）121
アボッツホルムの学校 157
アメリカの知的独立宣言 150
現われ 215
アンシャンレジウム 64
イギリス経験論 57
イギリス国教会 54
生きるに価値ある生活 180
『一般教育学』103,104
一般諸規定 137
一般地方学事通則 134
一般的人間陶冶 136,140
一般ドイツ教育舎 94
一般ドイツ幼稚園 94
イデア 10,13
イドラ 48,52
イングランドおよびウェールズにおける初等公教育を提供する法律 130
『隠者の夕暮れ』83
ヴァージニア大学 146
ウィーン会議 117,137
上からの近代化 75,133,135
ウッヅ・ホール会議 199
ウニヴェルシタス 24
英雄叙事詩 5
エポック授業 186
『エミール』63,68-70,72,78
エロス 13
王権神授説 53,56,64,113
大きな物語 203
大文字の真理 203
オキュペーション（しごと）174,175
行うことによって学ぶ 173,175
オックスフォード大学 36

カ 行

恩物 96
開発主義 8
科学革命 56
科学としての教育学 104
『学習の方法について』33
革新主義 165
覚醒 212
『学問芸術論』63
学問中心主義 200
学校化 206-209
学校監督法 137
学校査察権 130
『学校と社会』172,174
学校における「重力の中心移動」172
活動主義 154
家庭教育 88,90,97,99
家庭教師 59,62,69,93,103,139
『カテキズム』42
カトリック 31,46,113,115,133,137,142,147,165
カトリック教会 40,42,52,63,64,66,78,89
『ガルガンチュワ物語』34
環境万能性格形成論 125
関係性 168,171,176,177
『監獄の誕生——監視と処罰』204
カントの三批判書 72
機会の網状組織 208
紀のくに子どもの村 193
義務制 110
95箇条の提題 39
『教育学講義綱要』105
教育権 58,115
『教育という文化』201
『教育に関する考察』55
『教育の過程』198
教育の独立 116

221

『教師論』　22
協同　170
共同感情　98
協同的な活動　170-172
協同的な探究　170,175-178
キリスト教　2,3,20-23,26,30,31,47
規律としての権力　204
クインシー運動　152
グラマー・スクール　143
『クリトン』　7
経験　169,170,173,175,176,178
経験の連続的な発展　173,175,178
経験論　72
啓蒙主義　52,53,62,64,78,94,112,115,139
啓蒙専制君主　75,134
『言語と教育』　210
言語と人間形成　210
合科教授　162
公教育制度　110,112,115,122,132,136,147,148,154
公教育組織法（テルミドール派）　114
公教育の「質的改善」　152
公教育の「量的整備」　149
公教育法案（ロベスピエール）　114
公共性　167,215
公衆　171,172,176
工場システム　111
工場法　123,124,128
合理論　72
小型のコミュニティ，胎芽的な社会　176
『告白』　21
国民教育制度樹立論　125
国立学士院　117
古代ローマ　3
五段階教授法　106
『国家』　9
国教会　123,126,127,129,130,132,142
国庫補助金　129,130
古典古代　2,47
子どもの家　101
『子どもの教育について』　32
『子どもの世紀』　163
子どもの発見者　69

コペルニクス的転回　72
コミュニケーション　170,175,176
コミュニティ　165,172,176
コモン・スクール　147,148
コモン・マン　166,171
コンドルセ案　114

サ　行

サドベリー・バレー校　192
サマーヒル学園　190
参加　170,171,175-177
三規程（ラウマーの反動三条令）　137
産業革命　78,95,122,133
産業資本家　123
三十年戦争　46,133
三段論法　35
産婆術　8
サン・ポール事件　188
三位一体　23
ジェントリー層　54,56,59,60
シカゴ大学附属実験学校　166
自己信頼　150
自然　66,70
慈善学校　126
自然権　56,58,115,166,167
自然状態　56,65,66,167
自然哲学　12
自然に帰れ！　64
自然の法則　67,68
自治活動　154
実業補習学校　140
質的教授の方法　152
指導観念　169
児童神性論　96
児童の大学　181
児童労働　123
市民革命　78,95,110,111,142,184
社会契約　56
社会契約説　53,167
社会の三層化運動　185
宗教改革　31,39,41,42,47,52
宗教的中立　110,131,132
自由作文　187

シュタイナー学校（自由ヴァルドルフ学校）
　　183, 185, 186
『シュタンツだより』　83
ジュフェルン教育法案　84, 136
消極教育　67, 68
助教　128
助教制学校　126
初等教育法（ギゾー法）　118
初等教育法（ルベルチェ）　114
人格　73, 74
『神学大全』　26
新教育運動　140, 154, 156
人権宣言　112, 113
信仰によってのみ　41, 45
人智学運動　183
新プラトン派　21
人文主義の王者　32
人類の完成　116
スコーレ　6
スコラ学（スコラ哲学）　24, 34-36
スパルタ　4
スパルタ教育　5
スプートニクショック　199
性格形成学院　125
生活が陶冶する　88
生活中心主義　154
聖パウロ学校　36
生命の合一　97-99
世界科　140
『世界図絵』　49
世俗政府　110
絶対王政　113
先験的統覚　72
全人教育　154, 158
相互依存関係　168
相互作用　173, 178
ソクラテス裁判　9
『ソクラテスの弁明』　8, 9
ソフィスト　8, 12

　　　　　タ　行

『大教授学』　47
第三共和政　112, 121

大正自由教育　155
脱学校化　206, 209
『脱学校の社会』　207
魂の世話　7
多面的興味　106
他律様式支配　207
タレイラン案　114
探究　170
『痴愚神礼讃』　32
知識の一般的普及に関する法案　145
チャーチスト運動　127
注入主義　8
直観　86
哲学的急進派　132
田園教育舎　158, 159
典型的なオキュペーション　175
テンプル・スクール　151
『ドイツ国民に告げる』　135
ドイツの国家統一　94, 95, 99, 107, 133, 135
ドイツロマン主義　93, 94, 99, 133, 135, 156
「問う」権利　160
『道徳教育論』　121
独立宣言　141, 145
都市中間階級　155
トマス的総合　26
ドミニコ会修道院　25
ドルトン・プラン　181

　　　　　ナ　行

ナチス　202, 214, 215
7教授追放事件　104, 107
ナポリ大学　25
日曜学校　126
『ニューイングランド・プライマー』　144
人間関係の網の目　216
『人間精神進歩史』　115
人間精神白紙説　56, 57
『人間の条件』　215
認識の未分化　162
認識の未分化性　161
ノイホーフ　82, 87, 90

ハ 行

『白鳥の歌』 *84*
バターシー師範学校 *130*
発見学習 *199*
パブリック・スクール *156*
パリ大学 *25, 34, 35*
汎愛学院 *139*
反省的 *170, 173, 178*
『パンタグリュエル物語』 *34*
汎知教育 *48*
万物の根源 *12*
ピーター・カー宛の書簡 *146*
美にして善なる人 *6*
ピューリタニズム *189, 191*
ピューリタン *54, 141, 142, 144, 150-152*
ピューリタン革命 *54*
ピルグリム＝ファーザーズ *141, 142*
貧困の世代間連鎖 *87, 89*
品性の陶冶 *105*
複数性 *216*
富国強兵 *111*
付随学習 *180*
『二人の子どものフランス巡礼——義務と祖国』 *119*
プチテコール（小さな学校） *113, 117*
『プチ・ラヴィス』 *119*
フマニタス（人間性）研究 *32*
フランシスコ会修道院 *34*
フランス革命 *64, 112*
フランス憲法 *112*
プロイセン改革 *133, 135*
プロイセン学校制度に関する法案 *136*
プロジェクト・メソッド *180, 181*
プロテスタント *31, 46, 113, 115, 126, 128, 130, 133, 142, 143, 147*
文化心理学 *201*
ペスタロッチ主義 *84, 136*
ペスタロッチ主義の学校 *93*
ヘッドスタート計画 *200*
ベネディクト会修道院 *25, 34*
ヘルバルト主義 *106*
ヘルバルト派 *140*
ベル-ランカスター方式（助教方式） *127*
弁論 *15, 16*
弁論家 *15, 16, 18, 19*
『弁論家について』 *15*
『弁論家の教育』 *17*
弁論術 *8, 12, 16-19*
ポスト・モダン *178, 196*
ボヘミア兄弟団 *46*
ボランタリズム *126, 129*
ポリス *2, 4, 6, 7*

マ 行

マサチューセッツ教育法 *143*
マニ教 *21*
『未来の学校』 *160*
『民主主義と教育』 *150, 173*
無償 *110*
無知の知 *8*
名誉革命 *54*
メトーデ *86, 89*
免罪符 *40*
目的の王国 *74, 75*
問題解決 *169, 170, 173, 176*
問答法 *8*

ヤ 行

有機的連帯 *121*
幼稚園 *94, 98, 99*
幼稚園運動 *94*

ラ 行

ラグビー校 *157*
『リーンハルトとゲルトルート』 *83*
理性 *52, 64, 67, 95*
リュケイオン *13*
ルネサンス *30*
労作 *88*
労作活動 *159*
労作教育 *157*
労働学校 *59*
ロッシュの学校 *157*
ロモン案 *114*
ロンドン大学 *132*

《執筆者紹介》（執筆順，執筆担当）

藤井千春（ふじい・ちはる）　はじめに，各章 Introduction，第1章1，第3章～第6章，Column 1・2，4～14
　編著者紹介参照。

岡村健太（おかむら・けんた）　第1章2
　1984年生まれ。
　現　在　九州ルーテル学院大学人文学部講師。

大川　洋（おおかわ・ひろし）　第1章3
　1961年生まれ。
　現　在　国際基督教大学教養学部教授。
　主　著　『いのちを育む教育学』（共著）春風社，2008年。

大川なつか（おおかわ・なつか）　第2章1
　1969年生まれ。
　現　在　湘北短期大学准教授。
　主　著　『キリスト教的学識者』（共訳）知泉書館，2015年。
　　　　　『やさしく学ぶ　教職課程　教育原理』（共著）学文社，2020年。

菱刈晃夫（ひしかり・てるお）　第2章2・3，Column 3
　1967年生まれ。
　現　在　国士舘大学文学部教授。
　主　著　『ルターとメランヒトンの教育思想研究序説』（単著）溪水社，2001年。
　　　　　『習慣の教育学——思想・歴史・実践』（単著）知泉書館，2013年。

嶋口裕基（しまぐち・ひろき）　第7章1
　1983年生まれ。
　現　在　名城大学教職センター准教授。

鵜海未祐子（うかい・みゆうこ）　第7章2
　1980年生まれ。
　現　在　駿河台大学スポーツ科学部准教授。

杉原央樹（すぎはら・ひろき）　第7章3
　1985年生まれ。
　現　在　名古屋女子大学児童教育学部准教授。

菅沼静香（すがぬま・しずか）　第7章4
　1943年生まれ。
　現　在　教育研究所「静」主宰，元公立学校教諭・校長。

村松　灯（むらまつ・とも）　第7章5
　1987年生まれ。
　現　在　帝京大学宇都宮キャンパスリベラルアーツセンター講師。

《編著者紹介》

藤井千春（ふじい・ちはる）
　1958年生まれ。
現　在　早稲田大学教育・総合科学学術院教授。
主　著　『問題解決学習で育む「資質・能力」』（単著）明治図書出版，2020年。
　　　　『よくわかる教育学原論』（共編著）ミネルヴァ書房，2012年。

時代背景から読み解く
西洋教育思想

2016年10月30日　初版第1刷発行　　〈検印省略〉
2024年 9月10日　初版第5刷発行

定価はカバーに
表示しています

編著者　藤　井　千　春
発行者　杉　田　啓　三
印刷者　坂　本　喜　杏

発行所　株式会社　ミネルヴァ書房
607-8494　京都市山科区日ノ岡堤谷町1
電話代表　(075)581-5191
振替口座　01020-0-8076

Ⓒ藤井千春ほか，2016　　冨山房インターナショナル・新生製本

ISBN 978-4-623-07712-0
Printed in Japan

新版 よくわかる教育学原論 安彦忠彦・藤井千春・田中博之／編著	Ｂ５判／272頁 本体　2800円
教育学入門 ──30のテーマで学ぶ 岡田昭人／編著	Ａ５判／264頁 本体　2500円
教育の歴史と思想 石村華代・軽部勝一郎／編著	Ａ５判／232頁 本体　2500円
はじめて学ぶ教育の制度と歴史 広岡義之・津田徹／著	Ａ５判／240頁 本体　2400円
日本の教育文化史を学ぶ ──時代・生活・学校 山田恵吾／編著	Ａ５判／320頁 本体　2800円
人物で見る日本の教育［第2版］ 沖田行司／編著	Ａ５判／316頁 本体　2800円

──────── ミネルヴァ書房 ────────

https://www.minervashobo.co.jp/